Extra Graphic Material From: www.freepik.com
Thanks to: Alekksall, Starline, Pch.vector, Rawpixel.com, Vectorpocket, Dgim-studio, Upklyak, Macrovector, Stockgiu, Pikisuperstar & Freepik.com Designers

This Book Comes With Free Bonus Puzzles
Available Here:

BestActivityBooks.com/WSBONUS20

5 TIPS TO START!

1) HOW TO SOLVE

The Puzzles are in a Classic Format:

- Words are hidden without breaks (no spaces, dashes, ...)
- Orientation: Forward & Backward, Up & Down or
  in Diagonal (can be in both directions)
- Words can overlap or cross each other

2) ACTIVE LEARNING

To encourage learning actively, a space is provided next to each word to write down the translation. The **DICTIONARY** allows you to verify and expand your knowledge. You can look up and write down each translation, find the words in the Puzzle then add them to your vocabulary!

3) TAG YOUR WORDS

Have you tried using a tag system? For example, you could mark the words which have been difficult to find with a cross, the ones you loved with a star, new words with a triangle, rare words with a diamond and so on...

4) ORGANIZE YOUR LEARNING

We also offer a convenient **NOTEBOOK** at the end of this edition. Whether on vacation, travelling or at home, you can easily organize your new knowledge without needing a second notebook!

5) FINISHED?

Go to the bonus section: **MONSTER CHALLENGE** to find a free game offered at the end of this edition!

Want more fun and learning activities? It's **Fast and Simple!**
An entire Game Book Collection just **one click away!**

Find your next challenge at:

BestActivityBooks.com/MyNextWordSearch

Ready, Set... Go!

Did you know there are around 7,000 different languages in the world? Words are precious.

We love languages and have been working hard to make the highest quality books for you. Our ingredients?

A selection of indispensable learning themes, three big slices of fun, then we add a spoonful of difficult words and a pinch of rare ones. We serve them up with care and a maximum of delight so you can solve the best word games and have fun learning!

Your feedback is essential. You can be an active participant in the success of this book by leaving us a review. Tell us what you liked most in this edition!

Here is a short link which will take you to your order page.

BestBooksActivity.com/Review50

Thanks for your help and enjoy the Game!

Linguas Classics Team

1 - Antiques

```
V S I X U I C B B L Q T Ç P M J
M F E F X Y S E D A C È D R B O
O I A D F P E C M J Ç L L E V I
B H C E P X G I O R Y F F U I E
L M O C E F L T N A G E L E N R
E M L O Ç E N E R R F I L V I
S M L R N R H È D U O T T V E A
C N T A J I X T E T Z I S C R G
W P A T Q I Z U S L E Z E W S V
A W B I R S L A N U A P A C I R
S M Ç U R O L A V C L U G Ç Ó Ç
P C Y B D E V V C S R W S R E V
R S X O V O L Z X E C Z B U Z T
R E S T A U R A C I Ó Ç Y Q N O
S U B H A S T A G N Q M X Ç K I
Q U A L I T A T P O R G M R T N
```

ART	INVERSIÓ
SUBHASTA	JOIERIA
AUTÈNTIC	VELL
SEGLE	PREU
MONEDES	QUALITAT
DÈCADES	RESTAURACIÓ
DECORATIU	ESCULTURA
ELEGANT	ESTIL
MOBLES	INUSUAL
GALERIA	VALOR

2 - Food #1

```
W X L V E M D W X S S L F S U W
T H T W D K T E U A C A C U N F
V Q J M G J K Z C L G P O C E P
A Z D A B E C Y S D L E R R Q B
G P R D X E N C E O L A D E A X
E S P I N A C S W E P Ç I A G M
R L U N D N V Y C A H A E V A C
B J R A U I P M M R P I Q A N A
À L F M T Y M K P M B V T R A N
F N W A D N G C E Y G L L E T Y
L A B B U O B S A J H Z G P S E
A P T N L T M A D U I X A O A L
T L M X F D S P X Z O X N M P L
K T X Y G S Z Y Q S E T U J R A
C Y T V Ç L U L L I M O N A Z T
T E D N Z P Q C A L B E R C O C
```

ALBERCOC	CACAUET
ORDI	PERA
ALFÀBREGA	AMANIDA
PASTANAGA	SAL
CANYELLA	SOPA
ALL	ESPINACS
SUC	MADUIXA
LLIMONA	SUCRE
LLET	TONYINA
CEBA	NAP

3 - Measurements

```
Q U I L Ò M E T R E S A M R W X
U T N V F E H T I Ç Z G A A M Y
A M P L A D A U Y J S N S K B Q
I E U Y F Q A N S B A Q S D R A
P R O F U N D I T A T U A P C C
L M I S G B A M A R G O L I U Q
N I N V R P G D J U T O N A D E
Ç M T I A P R C K T M J E E E S
W K Q R M E A G C L B N N W H L
P V P J E S L V W A Ç N U L Z M
L G O M R V L C O R D B G T J X
X U L H T U S J B L W T Q G N Ç
L V Z D E C I M A L U W W J K X
X V A H M C M Q Z S X M G R A U
O V D C E N T Í M E T R E M U G
I Q A S B T B C Z T X A K J J P
```

BYTE	LLARGADA
CENTÍMETRE	LITRE
DECIMAL	MASSA
GRAU	METRE
PROFUNDITAT	MINUT
GRAM	UNÇA
ALTURA	TONA
POLZADA	VOLUM
QUILOGRAM	PES
QUILÒMETRE	AMPLADA

4 - Farm #2

```
A V A F M F G E H F R U I T A E
D E T R A C T O R I T A R P I W
P R G B O R D I X T K N J J T O
X D A C S O V E L L A A Ç N K R
V U M O L Í D E V E N T L F E O
V R F X G X B L A T P C L F L M
Q A J D N A K L C B A E E L C E
G V C G Q I S Y H K S Y T A E D
U R V E N X P Z V Z T K E M G T
S L A M I N A Y P W O Z J A G A
W D D N D O G U R H R D D R G L
P Y F S E U È F Ç M G O C G M B
R E G L W R S À N E C U N H E Y
Z D Z E N U V S K B T N Q J U B
O B L M P E W S O G R T F Ç O Q
P B S Ç C H O R T R V W D P P Z
```

ANIMALS
ORDI
GRANER
BLAT DE MORO
ÀNEC
PAGÈS
MENJAR
FRUITA
REG
XAI

FLAMA
PRAT
LLET
HORT
OVELLA
PASTOR
TRACTOR
VERDURA
BLAT
MOLÍ DE VENT

5 - Books

```
H A K P À G I N A X G Z R B A J
O I D C O N T E X T L K O N V M
S G S J H I S T Ò R I A G O F O
N V V T E R F S C Z Z O E G H V
P L P S Ò A M E O P U T X B V C
H R P T E R U C L N E X S M I A
A U U P I E I N · A P O E S I A
T V M X F T Y C L R O T C E L D
N E E O B I W K E R D T K C I O
L S C N R L T I C A U R T Q T Ç
A C C V T Í Q P C D A À X Z D È
U R C P F U S A I O L G G B W P
T I A U P S R T Ó R I I T Q I I
O T S Q A M T A I K T C V A Y C
R N O V E L · L A C A D B A D A
R E L L E V A N T C T J K X K R
```

AVENTURA
AUTOR
COL·LECCIÓ
CONTEXT
DUALITAT
ÈPICA
HISTÒRIC
HUMORÍSTIC
LITERARI
NARRADOR

NOVEL·LA
PÀGINA
POEMA
POESIA
LECTOR
RELLEVANT
HISTÒRIA
TRÀGIC
ESCRIT

6 - Meditation

```
P W F Z P T N E M N Ç A Y P A E
E W B I A R T B J Ú S Y U M G A
R L A K U E A P P F S Ó O Z R C
S L O X Ç P M B C W T I C I A C
P L N D B S F C P M I C C K Ï E
E T B A E E T U O H B N T A M P
C N C U M D Ç C Z B À E C M E T
T A U F O G H Y Ç S H T O L N A
I T R F C M E N T A L A P A T C
V U Y Ó I C A R I P S E R C A I
A R Z J O C O M P A S S I Ó D Ó
V A W T N E M I V O M W A Q N L
S L L L S S I L E N C I K T O R
E E W P R C D H O U W F S N B G
Ç S T N E M A S N E P Y D G L Ç
K A J Z F C L A R E D A T Ç C C
```

ACCEPTACIÓ	BONDAT
ATENCIÓ	MENTAL
DESPERT	MENT
RESPIRACIÓ	MOVIMENT
CALMA	MÚSICA
CLAREDAT	NATURALESA
COMPASSIÓ	PAU
EMOCIONS	PERSPECTIVA
AGRAÏMENT	SILENCI
HÀBITS	PENSAMENTS

7 - Days and Months

```
D  D  I  L  L  U  N  S  T  N  N  S  W  O  R  D
L  I  U  J  I  L  A  N  S  E  G  R  X  C  C  I
O  X  S  G  B  E  Y  A  O  R  U  G  H  T  T  V
P  Q  G  S  R  S  T  B  G  V  P  W  E  U  K  E
S  C  H  J  A  O  E  R  A  A  E  T  N  B  M  N
A  Q  U  V  A  B  E  I  N  N  J  M  V  R  A  D
F  E  B  R  E  R  T  L  A  Y  Q  K  B  E  R  R
D  I  J  O  U  S  S  E  M  E  Y  X  Ç  R  Ç  E
D  I  M  A  R  T  S  G  T  O  S  B  U  Q  E  S
T  O  P  C  S  G  E  N  E  R  B  M  E  T  E  S
T  V  Ç  L  K  Q  R  E  S  O  J  G  S  G  A  R
G  E  N  E  R  C  C  M  Q  K  Z  U  P  G  G  D
B  N  F  B  R  T  E  U  Z  J  W  X  L  F  U  N
Z  Y  V  Z  X  Z  M  I  I  Q  D  P  E  I  J  A
R  Y  Z  M  E  K  I  D  F  H  Z  H  R  M  O  T
Z  C  A  L  E  N  D  A  R  I  K  C  G  U  J  L
```

ABRIL	NOVEMBRE
AGOST	OCTUBRE
CALENDARI	DISSABTE
FEBRER	SETEMBRE
DIVENDRES	DIUMENGE
GENER	DIJOUS
JULIOL	DIMARTS
MARÇ	DIMECRES
DILLUNS	SETMANA
MES	ANY

8 - Energy

```
T G S A J M R R B U E D P B A T
P B A N I L O S A G Y G Ç H H Ç
E K O S C T P T F W V M X M V I
Ç L R Z D W A W O W D P D Y O C
Ç L A Z A U V A I R T S Ú D N I
R E N O V A B L E S O Y B W E R
N S L S T G R K R B C L Q H G T
U È T U R B I N A L I P A Y O C
C I Ó I C A N I M A T N O C R È
L D C O M B U S T I B L E T D L
E H F R Y Q T M H Ç E E E Q I E
A I P O R T N E V J I W G V H K
R N U V T N E I B M A I D E M I
T N J P C Ó V D L J B Q A B H D
E L E C T R Ó C A R B O N I K P
J C Q D V C G V H H S V Y H J V
```

PILA
CARBONI
DIÈSEL
ELÈCTRIC
ELECTRÓ
ENTROPIA
MEDI AMBIENT
COMBUSTIBLE
GASOLINA
CALOR

HIDROGEN
INDÚSTRIA
MOTOR
NUCLEAR
FOTÓ
CONTAMINACIÓ
RENOVABLES
VAPOR
TURBINA
VENT

9 - Archeology

```
V O Z L M M Q J A T R E P X E C
A S C A A I R B F H E E Q Y N I
W T J E P S Y C Ó Z Y M N X V V
R N F A G T A D I L B O P A T I
J E T U G E N O C S E D Ç L N L
Ç M S T C R D B A E Q U I P E I
W G O U L I V T U K J B P R D T
U A S Q L J Z O L Ç P Ç O E N Z
I R S K I T Ç F A T G Y N L E A
A F O A S T A B V O P V U Í C C
X N H Ç S J O T A M H C Q Q S I
I G À S Ò A W R S B P I U U E Ó
E R N L F A C W I A W X X I D D
R Y T Z I O B J E C T E S A T P
A C A T X S A N T I G U I T A T
M R O D A G I T S E V N I C T R
```

ANÀLISI
ANTIGUITAT
OSSOS
CIVILITZACIÓ
DESCENDENT
ERA
AVALUACIÓ
EXPERT
RESULTATS
OBLIDAT

FÒSSIL
FRAGMENTS
MISTERI
OBJECTES
RELÍQUIA
INVESTIGADOR
EQUIP
TEMPLE
TOMBA
DESCONEGUT

10 - Food #2

```
J  K  M  D  X  P  Q  N  T  J  L  T  P  O  S  I
A  L  B  E  R  G  Í  N  I  A  O  F  O  P  B  Z
Z  U  M  O  K  O  H  X  W  W  W  W  L  T  R  B
A  D  G  Ç  Q  H  I  U  I  O  T  A  L  B  Ò  A
P  O  M  A  T  V  W  J  K  O  V  P  A  X  Q  R
R  W  A  F  O  X  R  A  C  S  U  I  S  H  U  R
E  G  T  A  M  R  O  F  Ç  M  O  T  T  F  I  Ò
E  E  A  P  À  P  A  H  J  H  N  T  R  S  L  S
A  C  L  K  Q  T  E  L  C  F  Y  I  E  V  G  O
M  C  O  Q  U  Y  B  I  L  I  N  R  E  P  X  J
V  E  C  Y  E  Z  Y  Z  X  W  R  G  O  H  N  M
U  Z  O  Z  T  T  I  D  S  Y  Y  E  C  U  T  S
Q  M  X  I  E  N  S  T  R  H  G  I  R  U  J  V
R  A  Ï  M  L  I  T  T  V  M  T  H  W  A  O  X
E  W  Ç  G  O  A  Q  P  L  À  T  A  N  D  T  Ç
Q  B  I  Ç  B  Z  C  I  O  G  U  R  T  I  U  Z
```

POMA	ALBERGÍNIA
CARXOFA	PEIX
PLÀTAN	RAÏM
BRÒQUIL	PERNIL
API	KIWI
FORMATGE	BOLET
CIRERA	ARRÒS
POLLASTRE	TOMÀQUET
XOCOLATA	BLAT
OU	IOGURT

11 - Chemistry

```
O S Y R L R M Y Z L E V Z Ç B V
P A B Ç A D P N Y K X H E Y G C
J P C U L R O L C Ç Y S E P U C
I Y S H C M U C A L O R N Q U N
N R V M A N O T M H J R Z G I W
S G A S L A S L A Q J H I W J S
Q C K Q Í Y H N È R J W M G F E
H I D R O G E N L C E M R L M L
Ç N I O X I G E N Í U P S B V E
X À C I M Ò T A C Z Q L M U X C
X G À R J Y N P O C S U A E G T
E R Y G L B E K F P L F I V T R
K O Ç Q F R T X G L O T N D T Ó
I Ó L G E P U F C A R B O N I X
N U C L E A R F T I G E K W H U
C A T A L I T Z A D O R N Ç P Y
```

ÀCID	HIDROGEN
ALCALÍ	IÓ
ATÒMIC	LÍQUID
CARBONI	MOLÈCULA
CATALITZADOR	NUCLEAR
CLOR	ORGÀNIC
ELECTRÓ	OXIGEN
ENZIM	SAL
GAS	TEMPERATURA
CALOR	PES

12 - Music

```
X  M  K  E  Z  J  J  I  M  B  Z  V  W  V  Ò  H
À  L  B  U  M  P  T  R  E  I  R  M  M  Q  P  A
N  Z  N  C  I  T  C  È  L  C  E  I  Ç  M  E  R
R  Í  T  M  I  C  I  G  O  F  I  C  X  U  R  M
J  C  H  M  L  F  B  R  D  G  D  R  L  S  A  O
C  U  V  Q  M  I  M  N  I  U  W  Ò  M  I  V  N
I  A  T  C  O  R  H  D  A  A  K  F  Ú  C  O  I
T  N  N  O  A  T  G  R  O  B  D  O  S  A  C  A
È  I  E  T  N  A  T  N  A  C  A  N  I  L  A  R
O  H  M  D  A  R  C  I  S  S  À  L  C  C  L  W
P  L  U  R  F  R  F  Q  D  X  A  A  A  C  F  T
R  D  R  F  H  A  R  M  Ò  N  I  C  G  D  C  J
I  O  T  D  B  L  Í  R  I  C  X  V  Y  A  A  Z
D  F  S  K  D  U  V  G  P  D  C  Z  M  G  D  O
W  A  N  J  G  M  A  E  T  F  T  N  B  E  A  X
D  H  I  F  F  C  N  T  B  C  Y  C  R  V  N  M
```

ÀLBUM	MICRÒFON
BALADA	MUSICAL
COR	MÚSIC
CLÀSSIC	ÒPERA
ECLÈCTIC	POÈTIC
HARMÒNIC	RITME
HARMONIA	RÍTMIC
INSTRUMENT	CANTAR
LÍRIC	CANTANT
MELODIA	VOCAL

13 - Family

```
P A T E R N A T I R A M B A D S
G F G K T J Q I V I F A I B L U
T E M A R E Q A A V N S N N G R
K L R X F L W F H J M E E Y B Y
L C R M P T A S S A P T N A V A
Ç N P H À M Y W R N Y N Y Z W H
V O O M I C O S Í Ç Ç A N U A H
G E R M A N A W G U N F E Y R P
W D P X O L A B I L L N N W G B
O C P T É N E B O D A I S Y Z F
U A Q A X E N Z Ç P N H N J L I
D C W C R Y G Ç N N R X O F A L
V Ç S J P E Y S H J E Y D J Ç L
G R A G Ç D O N A U T O B E N A
Y Ç Z Y E S X F N O A B G P K G
I M P X D E I Ç C V M E L N W N
```

AVANTPASSAT	NÉT
TIA	MARIT
GERMÀ	MATERNAL
NEN	MARE
INFANTESA	NEBOT
NENS	NEBODA
COSÍ	PATERNA
FILLA	GERMANA
PARE	ONCLE
AVI	DONA

14 - Farm #1

```
A L L E B A A K O Z H K Y W P P
J G J Ç R L O V E A I G U A O B
R S R O V A L L M E L V R O L R
A O M I A D O B A R B A C B L C
D G Ç W C V E Ç B R O C X S A O
Z L D U N U V K B Z R A X D S T
R Q D C A L L A V A C Ò Ó V T U
K D Y E T R L T A G F E S C R P
A T M Z V H E Q U V D L I O E W
Q X C R B O D E F R B L B R N M
R U C A O N E B F Ç A T J B P B
U P B V M H V N A L Q N M V T T
R C J V E P A Ç G H W Q J K R S
V U Ç R C N J M P Ç N E P X P C
A B M T U K M P F E N C H R S
L E N E D T D J O Q C H H H G L
```

AGRICULTURA
ABELLA
BISÓ
VEDELL
GAT
POLLASTRE
VACA
CORB
GOS
RUC

TANCA
ADOB
CAMP
CABRA
FENC
MEL
CAVALL
ARRÒS
LLAVORS
AIGUA

15 - Camping

```
A V E N T U R A N D N D J D Q N
L R Z U E L Q O V K E L Z N E O
U Y B N V D B B Ç J J O L P E R
H W M W S K J Ç F N B W L A T R
W P B M Y A O U T G D X C N C Y
D I V E R S I Ó T E N D A U E M
M H F H M A R B R E S K O L S V
G K O I A A Y N A T N U M L N Z
T H C S O M P A T I V H V T I C
E L S T N E A A Ç M C O R D A H
R I Y Z A R F C Z Ç S S O B J S
R E T A C T O R A L O X I Ú R B
A N I M A L S B A B B O Y L C B
B O A S Q I L N C A B I N A A E
N A T U R A L E S A G V A N Ç L
C O E Ç J U N U F K B G L K A V
```

AVENTURA	CAÇA
ANIMALS	INSECTE
CABINA	LLAC
CANOA	MAPA
BRÚIXOLA	LLUNA
FOC	MUNTANYA
BOSC	NATURALESA
DIVERSIÓ	CORDA
HAMACA	TENDA
BARRET	ARBRES

16 - Algebra

```
S E J H Ó W C I S E T N È R A P
E L B A I R A V U X P D F Q D R
F R A C C I Ó S O P O F A H I Q
U H L F U J F O M O G V C A A E
Ç V U I L E U R W N M P T A G E
Y M M Ç O O S I C E G H O Ç R W
X G R A S E W Z R N B R R L A Z
A V Ó I S I V I D T L M À Ç M W
X T F C B B W B E I A A E F A Ó
F L Z L M W E L E N E M X M I I
E C D R E S T A Q I N E V B K C
Z E R O L G M Z I F I L P P K A
L R N Ú M E R O D N L B R Ç J U
G W N Z T E P J J I J O H J S Q
S I M P L I F I C A R R D D B E
N G W C K A V Z E Ç N P P B W Z
```

DIAGRAMA
DIVISIÓ
EQUACIÓ
EXPONENT
FACTOR
FALS
FÓRMULA
FRACCIÓ
GRÀFIC
INFINIT

LINEAL
MATRIU
NÚMERO
PARÈNTESI
PROBLEMA
SIMPLIFICAR
SOLUCIÓ
RESTA
VARIABLE
ZERO

17 - Numbers

```
M U N D G D D K S J C N I C L S
J G S V K I O J V J A G X Q B E
Ç D I T G V T I U V T E S B M T
N W H N E U Z N Y D O Z V H V Z
G B M R C I E K J W R Ç I C N E
D I N O U T N I V O Z E K W O J
T V L Q U A T R E A E Z N I U Q
B U M P L L U C C Z C K G R B J
T L N W S A P T V Q L J V Y P K
E R S G E L M X Ç H U I P U X W
S Y E Ç Y U S I S Q X I Q S W T
S Z T T E P E W C D O S Ç T O B
I T D O Z U R S D E U Ç Q E F D
D U O T P E T I O H D E P I I E
W G P Ç D G O U B I I M Z G T U
M N M W B A C M R G W T T R H U
```

DECIMAL
VUIT
DIVUIT
QUINZE
CINC
QUATRE
CATORZE
NOU
DINOU
UN

SET
DISSET
SIS
SETZE
DEU
TRETZE
TRES
DOTZE
VINT
DOS

18 - Spices

```
X  C  C  E  R  G  I  N  E  F  D  X  P  T  D  T
R  O  B  A  S  R  L  L  Y  K  W  S  Ç  G  X  I
P  R  I  B  N  W  D  Z  O  B  W  V  F  A  J  K
V  I  S  E  L  Y  H  D  O  L  Ç  Ç  Y  D  H  C
H  A  U  C  O  M  E  H  Q  H  X  B  A  V  A  C
T  N  E  D  Q  P  Y  L  C  F  I  F  I  L  B  G
R  D  W  O  F  J  B  O  L  W  S  T  G  V  L  G
I  R  R  U  C  N  G  C  Ç  A  À  U  Ç  V  B  G
V  E  F  P  E  B  R  E  V  E  R  M  E  L  L  H
A  R  O  J  Z  E  A  V  O  F  F  Y  C  Q  H  U
I  B  N  D  M  O  M  A  D  R  A  C  L  O  E  D
N  E  Ç  T  N  A  N  E  T  S  B  F  Y  M  F
I  G  L  Ç  K  Ç  A  Í  T  R  I  W  W  A  S  Í
L  N  L  J  S  X  S  S  E  Y  Q  C  D  P  A  O
L  I  O  N  O  U  M  O  S  C  A  D  A  Q  L  Y
A  G  S  A  Ç  E  Q  R  H  T  D  I  U  M  Y  F
```

ANÍS	SABOR
AMARG	ALL
CARDAMOM	GINGEBRE
CANYELLA	NOU MOSCADA
DENT	CEBA
CORIANDRE	PEBRE VERMELL
COMÍ	SAFRÀ
CURRI	SAL
FONOLL	DOLÇ
FENIGREC	VAINILLA

19 - Mammals

```
L T G V W Y M M U B A L E N A G
L C O U J F Y Q C S D Y V K R O
N L S S R O T S A C P I T E B R
Ç T O V Ç D V Ó B H J I W L E I
C J Ç P S O G E C O N I L L Z L
E A F G Q F U L L X L Y G S L ·
X A N Z O Í I L C L M T Z C Y L
O J T G O R N N U M A Q H O Y A
K L H V U K E M I C O D O Ç V A
P D B Ç D R U B O U C A V A L L
P B Y Y Ç L C E L E F A N T F Z
Q Ç F S S F O X J D K Q T R U Y
P L N S U J I N L T F Ç G A T B
F Z Y Y R V O D A L V V I Z B L
G I R A F A T Ç X Ç Ó S O P L J
X S E T A G J V Ç X F N K Ç X A
```

ÓS	GORIL·LA
CASTOR	CAVALL
BOU	CANGUR
GAT	LLEÓ
COIOT	MICO
GOS	CONILL
DOFÍ	OVELLA
ELEFANT	BALENA
GUINEU	LLOP
GIRAFA	ZEBRA

20 - Fishing

```
K  R  U  Ó  U  A  M  P  Z  F  T  X  N  V  V  Ç
H  P  H  I  Q  L  S  F  A  C  R  A  B  Q  T  R
B  C  Z  C  A  L  L  I  J  C  U  K  C  F  W  E
E  S  C  A  L  E  S  L  T  G  I  M  K  G  Z  S
V  C  E  R  V  T  K  F  A  P  R  È  T  G  J  Q
G  M  M  E  E  S  P  E  L  N  E  S  N  N  S  U
U  A  E  G  G  I  N  R  P  K  N  Z  E  C  E  E
J  L  N  A  E  C  Z  R  Q  I  I  T  M  Q  I  R
F  L  G  X  H  G  B  O  F  Y  U  Ç  A  H  U  A
V  L  S  E  O  J  M  N  X  Ç  C  Ç  P  D  Q  L
O  P  E  T  E  M  P  O  R  A  D  A  I  W  N  Y
X  C  T  R  W  Ç  O  A  G  V  I  M  U  F  À  B
X  S  E  P  C  R  W  K  L  H  U  B  Q  I  R  B
E  G  L  À  A  I  G  U  A  P  Ç  M  E  I  B  J
O  J  A  L  U  B  Í  D  N  A  M  Q  D  Ç  B  G
H  M  Z  G  Ç  C  N  F  U  O  Ç  P  X  Ç  A  S
```

ESQUER	MANDÍBULA
CISTELLA	LLAC
PLATJA	OCEÀ
BARCA	PACIÈNCIA
CUINER	RIU
EQUIPAMENT	ESCALES
EXAGERACIÓ	TEMPORADA
ALETES	AIGUA
BRÀNQUIES	PES
GANXO	FILFERRO

21 - Bees

```
P  B  A  C  I  W  Ç  Z  J  C  W  W  I  V  B  Y
R  L  N  A  L  E  S  L  N  G  A  C  H  W  I  S
C  E  A  E  I  X  A  M  D  A  S  Y  M  U  A  P
O  M  I  N  E  L  ·  L  O  P  G  H  Y  F  U  M
L  R  A  N  T  E  C  O  S  I  S  T  E  M  A  U
O  K  J  L  A  E  B  E  N  E  F  I  C  I  Ó  S
P  U  Ç  S  A  H  S  M  Y  R  T  E  Ç  C  F  K
D  I  V  E  R  S  I  T  A  T  U  U  Y  C  R  Z
T  I  F  N  E  T  K  Z  O  B  O  S  F  Y  U  W
I  N  S  E  C  T  E  F  L  O  R  S  C  E  I  P
C  O  K  H  Z  E  A  H  À  B  I  T  A  T  T  C
A  Q  Y  Z  K  P  Z  V  D  E  V  D  B  V  A  P
J  A  R  D  Í  R  F  G  Z  T  W  N  S  W  I  A
R  A  E  Q  C  V  L  O  S  L  T  C  U  B  M  C
Y  G  O  R  V  O  O  H  U  Q  Z  E  O  L  A  N
A  Q  D  H  Q  Z  R  A  J  N  E  M  O  P  L  R
```

BENEFICIÓS	MEL
FLOR	INSECTE
DIVERSITAT	PLANTES
ECOSISTEMA	POL·LEN
FLORS	REINA
MENJAR	FUM
FRUITA	SOL
JARDÍ	EIXAM
HÀBITAT	CERA
RUSC	ALES

22 - Adventure

```
E P F F W I Ó I S R U C X E R T
I N U S U A L G C A D N J E E V
P R E P A R A C I Ó C S R E P K
P F Z R X Y C G M O L G R N T G
V E S B R P K Ç A Q G P I N E R
A A R S O R P R E N E N T O S E
C E L I R A R E N I T I A U X T
T N I E L S E G U R E T A T D J
I T Q R N L N A T U R A L E S A
V U X T C T Ó I C A G E V A N S
I S M M W X I S G X S L H U F E
T I N Z T W Y A I F O T H E L L
A A D E S T I N A C I Ó R A H L
T S D I F I C U L T A T K U K E
L M O P O R T U N I T A T W O B
M E E P V N N G I Q D O Ç P R P
```

ACTIVITAT
BELLESA
VALENTIA
REPTES
OPORTUNITAT
PERILLÓS
DESTINACIÓ
DIFICULTAT
ENTUSIASME
EXCURSIÓ

AMICS
ITINERARI
GOIG
NATURALESA
NAVEGACIÓ
NOU
PREPARACIÓ
SEGURETAT
SORPRENENT
INUSUAL

23 - Sport

```
U  T  Z  R  R  M  I  S  E  Y  P  X  H  M  K  J
Z  Y  P  I  O  Ú  D  R  S  A  R  X  N  E  C  J
E  W  U  X  S  S  V  I  P  I  O  Z  U  T  Y  H
I  N  I  Y  R  C  J  K  O  C  G  G  T  A  G  G
S  Q  T  H  Ç  U  W  K  R  N  R  O  R  B  O  U
W  W  C  R  Z  L  C  Q  T  È  A  J  I  Ò  S  P
G  Z  E  E  S  Ç  O  S  T  M  V  C  L  S  I
M  K  J  R  M  N  A  J  S  S  A  C  I  I  O  A
H  X  B  R  A  I  A  T  E  I  D  A  Ó  C  S  N
G  K  O  Ó  K  Q  T  D  P  S  V  P  D  H  R  E
J  A  T  C  U  V  E  I  O  E  W  A  T  G  Z  D
F  O  Ç  A  L  L  A  B  R  O  C  J  Y  F  A
S  A  L  U  T  M  T  I  E  M  F  I  G  Ç  I  R
P  J  D  X  C  K  A  W  N  T  U  T  A  P  D  T
T  P  C  C  I  C  L  I  S  M  E  A  Y  J  Y  J
M  A  X  I  M  I  T  Z  A  R  Q  T  B  D  S  V
```

CAPACITAT	SALUT
ATLETA	CÓRRER
COS	MAXIMITZAR
OSSOS	METABÒLIC
ENTRENADOR	MÚSCULS
CICLISME	NUTRICIÓ
BALL	PROGRAMA
DIETA	ESPORTS
RESISTÈNCIA	FORÇA
OBJECTIU	NEDAR

24 - Restaurant #2

```
V D T P V X Z Ç Y L J D T E S B
E A R H A R E L L U C W Y S O E
R F X U I S Ó I C I L E D P P G
D F I N S B T A M W D Ç K È A U
U C E D O R C Í U C S R O C R D
R M P X E G F E S Ç D S Y I S A
E S J S D U A M A N I D A E H E
S Q R Ç I V S C W U P A K S S W
P A N G N R D E J S S J C Q S F
C M M S A Ç U A P E S N G O B B
G Q K X R E R D T A K C S O P A
T G K R H D R Ç M X C A Q J Q A
C A M B R E R P M F K D Y I G I
F F O R Q U I L L A T I U R F G
C W T F I T C A R E S R T M L U
J R T Z L Q Z S U O G A Ç E Q A
```

BEGUDA
PASTÍS
CADIRA
DELICIÓS
SOPAR
OUS
PEIX
FORQUILLA
FRUITA
GEL

DINAR
FIDEUS
AMANIDA
SAL
SOPA
ESPÈCIES
CULLERA
VERDURES
CAMBRER
AIGUA

25 - Geology

```
C E Z T C E V L W W Z A W L O E
C A R G P R E S I È U G G O S N
O R V O I D I C À S A L R M U O
N D A E S Z I S R A U Q I È T Q
T E L R R I X E T V N F A R L W
I P T P I N Ó L J A V R Ç T W C
N G I G K E A C J L L Ç C A P A
E P P H J V P I F U Y L A R O C
N F L W K P C C U O G D S R N W
T Ò À V O L C À C E C I L E F P
Y S B R Ç A T I T C A L A T S E
N S J M F O I I H F D F R F P E
I I O Y G K S F X C W N E M O I
C L N P Q E C D B F B L N O S B
Z X M G I U W M G O J W I Y D L
M L C A L C I E O A F B M E W R
```

ÀCID	GUÈISER
CALCI	LAVA
CAVERNA	CAPA
CONTINENT	MINERALS
CORAL	ALTIPLÀ
CRISTALLS	QUARS
CICLES	SAL
TERRATRÈMOL	ESTALACTITA
EROSIÓ	PEDRA
FÒSSIL	VOLCÀ

26 - House

```
F  Ç  C  S  B  G  Ó  I  C  A  T  I  B  A  H  K
S  O  T  E  R  R  A  N  I  T  A  N  C  A  O  E
B  U  H  M  E  L  R  R  T  J  O  O  G  S  F  N
J  G  A  M  Y  X  B  V  À  P  O  R  T  A  P  L
K  S  E  L  B  O  M  X  E  A  N  I  U  C  L  A
K  C  G  F  C  W  O  R  B  C  P  G  Ç  C  P  W
W  F  T  C  Z  T  C  O  F  E  D  R  A  L  L  G
K  S  A  A  X  L  S  I  F  T  P  O  D  F  G  Z
T  E  R  R  A  L  E  I  Z  O  Í  H  P  L  B  B
H  N  A  T  L  D  Y  K  J  I  K  D  A  Y  N  K
Y  I  G  S  L  X  S  V  D  L  Z  R  R  R  H  J
Q  T  G  E  U  L  R  F  U  B  K  B  E  A  I  Y
E  R  I  N  M  L  N  D  C  I  B  R  T  W  J  V
J  O  M  I  R  A  L  L  M  B  B  N  Ç  K  G  I
P  C  Ç  F  U  B  A  W  Ç  V  G  M  V  P  O  L
F  E  D  F  M  I  D  U  T  X  A  O  O  R  A  R
```

ÀTIC	JARDÍ
SOTERRANI	CLAUS
ESCOMBRA	CUINA
CORTINES	LLUM
PORTA	BIBLIOTECA
TANCA	MIRALL
LLAR DE FOC	HABITACIÓ
TERRA	DUTXA
MOBLES	PARET
GARATGE	FINESTRA

27 - Physics

```
F  P  X  B  P  F  E  A  Z  L  K  U  G  V  U  D
D  R  L  W  Z  A  Ó  R  T  C  E  L  E  D  N  E
G  K  E  Ç  F  S  R  R  O  T  O  M  S  C  I  N
W  Z  J  Q  C  K  B  T  M  O  T  À  Q  Q  V  S
D  C  B  I  Ü  J  I  X  Í  U  C  A  O  S  E  I
I  I  Y  Y  H  È  Q  A  B  C  L  Ç  B  S  R  T
E  M  S  I  T  E  N  G  A  M  U  A  G  M  S  A
U  Í  K  A  L  T  Q  C  A  C  Q  L  D  E  A  T
N  U  C  L  E  A  R  L  I  B  L  H  A  C  L  A
O  Q  L  U  K  L  O  V  R  A  S  F  S  À  G  T
K  A  C  C  E  L  E  R  A  C  I  Ó  S  N  A  I
V  C  U  È  X  P  A  N  S  I  Ó  A  I  S  C
K  D  S  L  D  E  S  I  F  M  L  N  M  C  U  O
H  S  C  O  F  L  M  Ç  S  T  P  N  T  A  K  L
C  G  C  M  R  E  L  A  T  I  V  I  T  A  T  E
Z  K  A  G  A  C  C  S  R  A  I  C  E  C  E  V
```

ACCELERACIÓ	GAS
ÀTOM	MAGNETISME
CAOS	MASSA
QUÍMIC	MECÀNICA
DENSITAT	MOLÈCULA
ELECTRÓ	NUCLEAR
MOTOR	PARTÍCULA
EXPANSIÓ	RELATIVITAT
FÓRMULA	UNIVERSAL
FREQÜÈNCIA	VELOCITAT

28 - Dance

```
A I F A R G O E R O C Q P E Q Y
F S P K R Ç P M Ú S I C A V X M
T T S C U L T U R A V I S U A L
T N Y A L Q Y A R T V Ç Z R U N
G W N Ó I C O M E C N X Q I C P
T O H X K G H C K S L S U T I E
N A C A D È M I A O W À Z M M X
E X P R E S S I U C U X S E V J
M X Z A C U O Y V I B Y W S T E
I J R T D A I C À R G W L P I N
V R G L T L A R U T L U C O B C
O Z L A B E J L U R I N O S D J
M P E S E G L T Q F E V W T G E
O W E Z X R S G E C T H R U D M
S B C F X E J F A I N D W R V D
O T R A D I C I O N A L U A N Z
```

ACADÈMIA
ART
COS
COREOGRAFIA
CLÀSSIC
CULTURAL
CULTURA
EMOCIÓ
EXPRESSIU
GRÀCIA

ALEGRE
SALTAR
MOVIMENT
MÚSICA
SOCI
POSTURA
ASSAIG
RITME
TRADICIONAL
VISUAL

29 - Coffee

```
F  V  R  D  J  V  U  A  E  L  V  À  L  Ç  S  I
D  I  U  Q  Í  L  F  M  Y  S  W  C  L  R  V  R
K  Z  L  R  F  N  Ç  K  L  S  Z  I  E  I  G  O
E  G  H  T  A  T  E  I  R  A  V  D  T  R  S  S
V  D  D  S  R  O  B  A  S  O  R  I  G  E  N  T
A  A  D  U  G  E  B  C  B  G  J  W  L  L  X  I
M  M  R  N  E  Q  P  R  E  U  S  U  C  R  E  T
A  U  A  J  C  A  F  E  Ï  N  A  G  W  A  R  H
T  N  P  R  J  Q  L  R  Y  D  C  G  T  R  D  Q
Í  K  O  H  G  L  P  G  R  F  F  Y  R  O  L  T
M  N  C  I  S  Q  A  E  O  F  L  Ç  F  M  O  J
R  O  Y  C  H  Y  I  N  H  P  P  Y  X  A  M  O
Z  Z  C  K  A  K  Ç  Y  Y  D  N  W  R  E  U  Z
A  N  H  S  C  R  S  Y  G  E  K  A  Z  F  J  H
W  E  A  I  G  U  A  S  H  K  V  J  T  H  B  X
I  D  L  K  Y  Ç  L  M  P  Q  K  R  B  A  Ç  V
```

ÀCID	MOLDRE
AROMA	LÍQUID
BEGUDA	LLET
AMARG	MATÍ
NEGRE	ORIGEN
CAFEÏNA	PREU
NATA	ROSTIT
COPA	SUCRE
FILTRE	VARIETAT
SABOR	AIGUA

30 - Shapes

```
V P A T N C R A D A N O T N A C
O H Z Ç N O G Í L O P R S K I P
R R Y P H R C I L I N D R E N I
E S N Q T B U U A N G T C S Í R
S Q Q U N A G P V Q L R U P L À
K P U G B N H A O H K I B I Z M
L V C A M S I R P Ç T A O L Ç I
Z D J E D C O S T A T N Y · G D
P N S B R R K A S G H G L L D E
Z Z L U T C A S W A R L B E H M
M O D M P T L T R X X E Z V X W
Z W G H D J T E R Z N F D Z J S
Ç J J R E C T A N G L E Z S C P
Z E Q V M B Q K W X H U P S Ç M
Q K F H G N H D R J W A I G G N
E S F E R A L O B R È P I H Y Ç
```

ARC
CERCLE
CON
CANTONADA
CUB
CORBA
CILINDRE
VORES
EL·LIPSE
HIPÈRBOLA

LÍNIA
OVAL
POLÍGON
PRISMA
PIRÀMIDE
RECTANGLE
COSTAT
ESFERA
QUADRAT
TRIANGLE

31 - Scientific Disciplines

```
B N E U R O L O G I A E M F Ç L
A I G O L O N U M M I C E I L I
C R O E V T P I I Y M O C R T N
I Y X L P X C D S P O L À A O G
M A I G O L O E G N T O N I J Ü
Í O Ç R V G G E H G A G I G V Í
U J I F Ç D I N D E N I C O A S
Q A Y V F S M A G U A A A L S T
F T E R M O D I N À M I C A T I
P S I C O L O G I A C D Q R R C
S O C I O L O G I A R J T E O A
F I S I O L O G I A H W H N N U
K I N E S I O L O G I A F I O Y
B I O Q U Í M I C A Y F G M M D
M O B O T À N I C A F K D T I Q
A C M Ç A I G O L O E U Q R A I
```

ANATOMIA	KINESIOLOGIA
ARQUEOLOGIA	LINGÜÍSTICA
ASTRONOMIA	MECÀNICA
BIOQUÍMICA	MINERALOGIA
BIOLOGIA	NEUROLOGIA
BOTÀNICA	FISIOLOGIA
QUÍMICA	PSICOLOGIA
ECOLOGIA	SOCIOLOGIA
GEOLOGIA	TERMODINÀMICA
IMMUNOLOGIA	

32 - Science

```
S O C S A Y R P O E D O T È M N
P L A N T E S A R X D J H R Y A
R F I D M P T R G P A S I H F T
G O Ò C Z F D T A E D Z P Y D U
D S N S C W F Í N R E Q Ò S W R
D E Q W S R E C I I S I T L O A
W L F D X I T U S M H P E A R L
Q U Í M I C L L M E X S S R I E
G C V C O L Ç E E N Q R I E U S
R È N Q I T A S F T K T H N R A
A L G D O S À E V O L U C I Ó M
V O I A U M E Q B V K E L M M I
E M V B I W I R O T A R O B A L
T L I V P T X D W J M H L H B C
A C I S Í F K F I W A I E N G A
T Y J E C I E N T Í F I C S D H
```

ÀTOM	LABORATORI
QUÍMIC	MÈTODE
CLIMA	MINERALS
DADES	MOLÈCULES
EVOLUCIÓ	NATURALESA
EXPERIMENT	ORGANISME
FET	PARTÍCULES
FÒSSIL	FÍSICA
GRAVETAT	PLANTES
HIPÒTESI	CIENTÍFIC

33 - Beauty

```
F  T  N  A  C  N  E  T  O  C  J  G  A  P  M  P
E  R  I  H  A  D  E  A  I  O  R  R  F  E  À  R
S  S  A  S  U  V  X  N  U  L  P  À  D  L  S  O
T  Y  C  G  O  B  C  V  L  O  I  C  F  L  C  D
I  D  I  Z  À  R  J  M  W  R  N  I  O  X  A  U
L  J  T  X  U  N  E  T  E  R  T  A  T  Y  R  C
I  B  È  Z  V  D  C  S  G  Í  A  I  O  E  A  T
S  C  M  H  O  B  M  I  T  N  L  C  G  M  X  E
T  Z  S  W  N  C  B  F  A  X  L  N  È  H  H  S
A  C  O  R  C  R  K  B  L  O  A  À  N  R  E  E
O  U  C  X  A  G  Q  X  L  L  V  G  I  Q  T  I
N  T  N  A  G  E  L  E  I  S  I  E  C  Z  Ç  L
O  U  N  M  R  M  X  P  U  U  S  L  A  D  C  Y
Y  L  N  P  Z  T  H  F  Q  Ç  Z  E  Ç  B  P  Z
L  M  I  Ú  E  T  N  L  A  M  I  R  A  L  L  W
G  L  K  S  M  O  X  Q  M  S  E  R  V  E  I  S
```

ENCANT	MÀSCARA
COLOR	MIRALL
COSMÈTICA	OLIS
RÍNXOLS	FOTOGÈNICA
ELEGÀNCIA	PRODUCTES
ELEGANT	TISORES
FRAGÀNCIA	SERVEIS
GRÀCIA	XAMPÚ
PINTALLAVIS	PELL
MAQUILLATGE	ESTILISTA

34 - Clothes

```
C W O Q T P B K A Q M L Y N J Ç
V W E R B O S A E R N O S Q A O
E Z Q S R L F D R Z S E D Y Q E
S O W N G S W N P R S T N A U G
T S N A X E T A B G E Y S I E U
I N Q S P R D F F W A T A R T M
T O K U F A S U R B E Q N E A C
Y L Z È N A S B U A X O D I P I
K A C T O T L E N R R I À O V N
B T I E K A W D C L T F L J Ç T
V N Ç R R B F X I L W T I C B U
X A X Z D A W O R L Z C E A W R
Ç P P Z G S E O B Y L C S M L Ó
D A V A N T A L A A M A J I P P
Z K E M Ç C H A V L N O O S N H
U X N O L J C Y J S J F H A G Q
```

DAVANTAL
CINTURÓ
BRUSA
POLSERA
ABRIC
VESTIT
MODA
GUANTS
BARRET
JAQUETA

TEXANS
JOIERIA
PIJAMA
PANTALONS
SANDÀLIES
BUFANDA
CAMISA
SABATA
FALDILLA
SUÈTER

35 - Ethics

```
N  L  V  M  C  Z  A  D  T  R  R  S  J  F  H  C
Y  O  M  L  R  G  L  I  O  A  E  I  R  I  U  O
Ó  V  R  Y  F  W  T  P  L  C  S  I  O  L  M  O
I  È  Z  W  I  U  R  L  E  I  P  O  D  O  A  P
S  N  E  A  W  E  U  O  R  O  E  P  P  S  N  E
S  E  T  S  V  M  I  M  À  N  C  T  A  O  I  R
A  B  A  E  V  I  S  À  N  A  T  I  C  F  T  A
P  R  D  D  G  S  M  T  C  L  U  M  I  I  A  C
M  J  N  A  I  R  E  I  I  I  Ó  I  È  A  T  I
O  M  O  R  L  O  I  C  A  T  S  S  N  C  Y  Ó
C  T  B  N  A  L  X  T  L  A  R  M  C  A  W  M
T  N  G  O  X  A  J  J  A  T  B  E  I  O  N  A
L  S  J  H  B  V  M  F  W  T  G  N  A  K  D  P
D  I  G  N  I  T  A  T  R  E  A  L  I  S  M  E
R  A  O  N  A  B  L  E  S  A  V  I  E  S  A  V
R  X  C  A  J  M  L  F  X  Ç  V  Z  C  H  J  Ç
```

ALTRUISME	OPTIMISME
BENÈVOL	PACIÈNCIA
COMPASSIÓ	FILOSOFIA
COOPERACIÓ	RACIONALITAT
DIGNITAT	REALISME
DIPLOMÀTIC	RAONABLE
HONRADESA	RESPECTUÓS
HUMANITAT	TOLERÀNCIA
INTEGRITAT	VALORS
BONDAT	SAVIESA

36 - Astronomy

```
T  D  Ç  S  L  J  U  D  E  I  J  U  F  O  H  A
S  E  N  S  Y  B  Q  F  J  C  A  Í  D  O  Z  S
A  N  R  I  X  P  A  G  F  C  L  Ó  Ç  L  T  T
T  G  F  R  O  H  T  J  J  O  G  I  P  D  J  E
È  S  U  O  A  N  U  L  L  N  O  C  P  U  S  R
L  E  U  T  V  Y  A  C  B  I  N  A  U  S  V  O
·  L  B  A  O  R  N  V  N  U  E  I  E  O  I  I
L  P  X  V  N  H  O  A  Ç  Q  N  D  Q  M  V  D
I  L  K  R  R  C  R  G  K  E  M  A  G  S  N  E
T  A  Y  E  E  E  T  A  K  J  P  R  Y  O  E  D
H  N  O  S  P  A  S  H  D  D  C  E  I  C  B  R
L  E  C  B  U  G  A  L  À  X  I  A  C  Z  U  P
Z  T  D  O  S  U  K  M  E  T  E  O  R  B  L  Ç
V  A  F  Z  E  A  S  T  R  Ò  N  O  M  F  O  L
T  S  P  V  B  T  S  D  A  S  F  H  N  W  S  Q
C  O  N  S  T  E  L  ·  L  A  C  I  Ó  X  A  V
```

ASTEROIDE
ASTRONAUTA
ASTRÒNOM
CONSTEL·LACIÓ
COSMOS
TERRA
ECLIPSI
EQUINOCCI
GALÀXIA
METEOR

LLUNA
NEBULOSA
OBSERVATORI
PLANETA
RADIACIÓ
COET
SATÈL·LIT
CEL
SUPERNOVA
ZODÍAC

37 - Health and Wellness #2

```
N U T R I C I Ó P E E I A Y D L
D T H E A K R S A N G N N X Ç Q
H S D J F P Y E I E T F A S X L
E I S N K P E R G I A E T V K Z
C G D Z B R M T R G S C O V L H
G G Q T T E A S È I S C M B R W
E N I O Q C Q E L H A I I P I V
N L X O R U F L · D M Ó A P F F
È F L H U P C B L A T I P S O H
T C T I T E P A A I T L A L A M
I J C S D R E D L E N E R G I A
C X P C R A Q U J O D I E T A N
A C A E T C N L T L R U W J D T
C U J A N I M A T I V I P E G N
W O P P O Ó L S R V Z S E E K S
D E S H I D R A T A C I Ó S S N
```

AL·LÈRGIA
ANATOMIA
APETIT
SANG
CALORIES
DESHIDRATACIÓ
DIETA
MALALTIA
ENERGIA
GENÈTICA

SALUDABLE
HOSPITAL
HIGIENE
INFECCIÓ
MASSATGE
NUTRICIÓ
RECUPERACIÓ
ESTRES
VITAMINA
PES

38 - Disease

```
C  E  S  A  B  D  O  M  I  N  A  L  I  P  O  A
O  A  A  C  I  T  È  N  E  G  H  D  Q  A  N  K
S  E  L  I  I  A  L  U  M  B  A  R  W  B  W  H
O  O  U  N  N  T  Y  X  V  L  C  A  J  A  D  E
S  D  T  Ò  F  I  U  S  Z  N  G  Ç  Z  C  C  R
S  X  D  R  L  N  T  E  R  À  P  I  A  T  O  E
O  C  Y  C  A  U  D  I  C  O  R  R  I  E  N  D
X  G  O  Ç  M  M  È  G  Ç  H  E  O  T  R  T  I
P  M  C  S  A  M  B  R  P  H  B  T  A  I  A  T
K  A  Z  X  C  I  I  È  T  O  Y  A  P  A  G  A
P  G  T  D  I  D  L  L  K  N  V  R  O  N  I  R
O  G  V  Ò  Ó  V  D  ·  G  G  C  I  R  A  Ó  I
G  P  G  C  G  J  X  L  X  H  B  P  U  M  S  R
Y  S  G  S  W  E  F  A  T  X  H  S  E  O  C  U
Ç  E  L  P  A  A  N  Y  Q  Y  J  E  N  S  Ç  Ç
E  C  C  P  J  L  I  S  E  M  O  R  D  N  Í  S
```

ABDOMINAL	HEREDITARI
AL·LÈRGIES	IMMUNITAT
BACTERIANA	INFLAMACIÓ
COS	LUMBAR
OSSOS	NEUROPATIA
CRÒNICA	PATÒGENS
CONTAGIÓS	RESPIRATORI
GENÈTICA	SÍNDROME
SALUT	TERÀPIA
COR	DÈBIL

39 - Time

```
W  P  L  V  D  D  E  E  I  A  B  A  N  S  N  M
X  V  K  T  W  A  C  Q  D  W  M  L  M  P  U  Z
A  N  U  A  L  A  N  A  M  T  E  S  H  E  P  O
Y  X  A  S  U  P  V  J  R  A  V  X  O  L  S  T
M  C  N  X  H  M  L  I  U  V  A  O  R  G  W  U
D  I  R  A  D  N  E  L  A  C  J  V  A  E  V  R
H  E  G  T  O  L  L  E  R  T  K  C  F  S  U  P
O  B  U  D  E  Q  B  S  A  P  D  È  C  A  D  A
R  Q  W  K  I  R  U  W  Z  E  M  F  U  T  U  R
A  X  A  O  U  A  J  X  C  M  I  G  P  H  E  J
Z  A  N  F  M  F  Ç  F  X  W  N  U  N  Q  P  O
R  J  Y  Ç  O  A  O  N  Q  U  U  R  G  P  C  M
P  S  I  W  I  Y  E  F  M  P  T  F  Ç  C  M  V
E  K  G  K  G  T  Ç  X  A  Ç  X  Q  F  P  C  N
R  Z  L  D  O  N  I  T  T  S  O  D  N  X  G  P
D  G  Y  Y  W  E  I  S  Í  D  I  A  Q  C  R  K
```

ANUAL	MINUT
ABANS	MES
CALENDARI	MATÍ
SEGLE	NIT
RELLOTGE	MIGDIA
DIA	ARA
DÈCADA	AVIAT
D'HORA	AVUI
FUTUR	SETMANA
HORA	ANY

40 - Buildings

```
S B M A I Ç M H K N A K P M W K
F U T P N P O G O C S G W U Q B
W W P D Ç P A V L T D E U S N W
P E P E C I N E M A E J S E G K
G C D E R C A B I N A L E U R V
I Y Ç S L M H O S P I T A L A O
D E B C C Y E I A E M A D L N B
A M W O X E A R X M Q P N E E S
T L B L I F M O C J A A E T R E
S P B A G K B T Q A Y R T S Y R
E A B E S E A A D C T T S A F V
R O L H R C I R O I S A X C Y A
T O R R E G X O Q R A M E O V T
A U F J O B A B O B Ç E Y R M O
E R Ç I A A D A Z À F N Z R N R
T D T X W R A L O F E T Z T B I
```

APARTAMENT	LABORATORI
GRANER	MUSEU
CABINA	OBSERVATORI
CASTELL	ESCOLA
CINEMA	ESTADI
AMBAIXADA	SUPERMERCAT
FÀBRICA	TENDA
HOSPITAL	TEATRE
ALBERG	TORRE
HOTEL	

41 - Philanthropy

```
H  R  Z  Ç  W  C  M  N  Ç  V  R  N  G  R  N  J
Y  V  Y  U  Z  O  D  E  N  N  A  E  E  T  B  J
I  J  B  X  K  M  U  Y  T  R  O  N  N  G  L  E
Y  F  X  T  N  U  M  B  Q  E  N  S  E  Y  O  M
S  E  O  Q  Y  N  T  I  E  Y  S  P  R  F  Y  G
L  B  Q  K  M  I  X  B  S  Y  W  U  O  D  Ç  J
H  I  Y  M  W  T  N  E  G  S  J  R  S  N  O  F
S  N  V  D  T  A  J  G  C  E  I  G  I  P  C  J
E  R  Y  A  A  T  I  N  M  R  F  Ó  T  Ú  O  O
C  A  R  I  T  A  T  R  S  S  O  P  A  B  N  V
N  P  N  E  I  P  I  A  Ò  E  H  A  T  L  T  E
A  D  D  F  N  Q  F  N  X  T  W  Y  R  I  A  N
N  S  E  M  A  R  G  O  R  P  S  E  L  C  C  T
I  F  U  K  M  V  U  D  D  E  H  I  F  B  T  U
F  D  F  P  U  Y  T  P  Z  R  X  Y  H  Ç  E  T
N  I  E  O  H  H  O  N  R  A  D  E  S  A  S  K
```

REPTES
CARITAT
NENS
COMUNITAT
CONTACTES
DONAR
FINANCES
FONS
GENEROSITAT
METES

GRUPS
HISTÒRIA
HONRADESA
HUMANITAT
MISSIÓ
GENT
PROGRAMES
PÚBLIC
JOVENTUT

42 - Gardening

```
A K E R A R J W M R N C J B E K
T I Q S Y L A N O I C A T S E S
K A A I P C U M F L O R S R J Ò
O K G Z T È B V W J K C O O R L
S X E L F Z C I T Ò X E P V U S
C I N À T O B I L S Q N M A E A
E O À W K D Ç T E V K P O L H S
O A M I L C I I K T C A C L J N
J U Ç E G T A L L U F B N V T G
U G O G S A I C Í T U R B F G D
H I U B P T E Z H R Y B M H T V
U A O B S I I E Q O U C L U F L
Ç B J F B M R B Y H T I W G U R
B H X I X U R T L A R O L F L S
D V A R U H N I K E W O O G L A
C O N T E N I D O R K O Y G A T
```

FLOR	FULLATGE
BOTÀNIC	MÀNEGA
RAM	FULLA
CLIMA	HUMITAT
COMPOST	HORT
CONTENIDOR	ESTACIONAL
BRUTÍCIA	LLAVORS
COMESTIBLE	SÒL
EXÒTIC	ESPÈCIE
FLORAL	AIGUA

43 - Herbalism

```
J Y L K S V I T M B A K R Z O A
W D Í N A M O R E A I Ç T B R R
P S Y A F V Y E S G R L B O E O
J G D T R F I V T E À D G U N M
P A I J À V U I R R N N U Q G À
M L R Z V E X L A B I L J I A T
E L A D J R J U G À L T V V X I
N O C N Í D Ç J Ó F U F L O R C
T N F N T V Q M R L C A L L F L
A O C B K A Ç J A A S A B O R A
X F B E N E F I C I Ó S H C V V
H C Y Q Ç E P M J Ç R K E R I A
O B W Z V Y K V K P E Y J V B N
I N G R E D I E N T H U B K G D
I I H I Y K D Ç F R T I J J K A
O X K Y P Y Y K O G B X C C Q Ç
```

AROMÀTIC	INGREDIENT
ALFÀBREGA	LAVANDA
BENEFICIÓS	MARDUIX
CULINÀRIA	MENTA
FONOLL	ORENGA
SABOR	JULIVERT
FLOR	PLANTA
JARDÍ	ROMANÍ
ALL	SAFRÀ
VERD	ESTRAGÓ

44 - Flowers

```
R P G G T L M Y L Ç O C P D H I
X A È I G Q G F Í M A S S E G T
Ç I M T R H C T E H I I S N N P
U N B M A A Ç B I R L B X T O B
Q È T A C L S U R U Ò I L D R I
L D Ç J C E Ç O I Z N H Z E O P
Ç R G J K N C K L Ç G F M L S E
O A I N Ò E P E L U A L I L E W
U G R O S A G J A X M T D E L T
G O M G Q U L O V È R T V Ó L R
H G Q P U R C J A P I L U T A J
C T R W A L U D N È L A C J V O
P L U M E R I A D I R A G R A M
V K J E A T M Q A I D Í U Q R O
D O W W F K N M L R R A Q T W O
X Q A D W M T F S D V H M H E U
```

RAM
CALÈNDULA
TRÈVOL
MARGARIDA
DENT DE LLEÓ
GARDÈNIA
HIBISC
GESSAMÍ
LAVANDA
LILA

LLIRI
MAGNÒLIA
ORQUÍDIA
PEÒNIA
PÈTAL
PLUMERIA
ROSELLA
ROSA
GIRA-SOL
TULIPA

45 - Health and Wellness #1

```
T  F  J  G  R  Y  G  M  N  M  E  T  G  E  M  R
J  Z  Ç  F  D  E  P  U  Ú  E  Z  E  B  P  E  F
T  Y  U  C  N  H  F  T  G  S  R  L  G  I  D  B
A  L  T  U  R  A  O  L  R  W  C  V  N  Q  I  A
C  L  I  F  A  I  S  N  E  O  F  U  I  H  C  C
I  E  B  R  W  C  S  T  Ó  X  E  J  L  S  I  T
N  P  À  A  X  À  O  X  I  O  X  F  G  S  N  E
Í  H  H  C  M  M  S  T  C  Z  A  B  R  X  A  R
L  N  A  T  B  R  Q  W  A  Y  M  F  N  Q  G  I
C  S  I  U  X  A  D  Q  X  U  R  Q  W  O  V  S
E  O  P  R  N  F  T  R  A  C  T  A  M  E  N  T
S  J  À  A  V  L  K  N  L  T  P  E  Ç  D  G  G
A  W  R  M  I  Q  S  Y  E  P  P  C  U  C  L  U
T  C  E  Z  P  G  X  M  R  R  B  U  U  H  W  X
A  C  T  I  U  T  C  C  W  B  S  E  Q  Q  S  E
K  F  A  M  H  O  R  M  O  N  E  S  U  R  I  V
```

ACTIU	MEDICINA
BACTERIS	MÚSCULS
OSSOS	NERVIS
CLÍNICA	FARMÀCIA
METGE	REFLEX
FRACTURA	RELAXACIÓ
HÀBIT	PELL
ALTURA	TERÀPIA
HORMONES	TRACTAMENT
FAM	VIRUS

46 - Town

```
M  B  Ç  G  A  T  F  Y  C  M  F  O  K  V  L  S
N  E  A  C  E  T  O  I  L  B  I  B  T  T  L  U
A  E  R  O  P  O  R  T  Í  K  I  E  Q  N  I  P
E  E  D  L  U  B  G  F  N  F  R  I  G  X  B  E
Q  S  J  T  H  J  E  L  I  Ç  R  F  P  D  R  R
O  P  T  S  Y  G  S  E  C  T  T  A  C  R  E  M
F  U  S  A  Q  L  C  C  A  Z  M  K  I  A  R  E
A  L  Q  G  D  Ç  O  A  I  R  E  L  A  G  I  R
S  I  O  E  H  I  L  M  D  N  N  E  E  I  A  C
U  N  P  R  J  U  A  E  G  F  D  J  Ç  T  Q  A
E  T  Q  T  I  E  I  N  P  A  K  E  Q  O  O  T
H  D  D  A  K  S  Q  I  B  U  E  U  E  B  I  H
Q  K  W  E  V  U  T  C  A  I  C  À  M  R  A  F
O  O  Q  T  L  M  Z  A  N  L  F  N  Ç  G  E  X
U  L  L  V  T  Z  P  L  C  I  G  Ò  L  O  O  Z
U  N  I  V  E  R  S  I  T  A  T  S  F  I  E  S
```

AEROPORT	MERCAT
FLECA	MUSEU
BANC	FARMÀCIA
LLIBRERIA	ESCOLA
CINEMA	ESTADI
CLÍNICA	BOTIGA
FLORISTA	SUPERMERCAT
GALERIA	TEATRE
HOTEL	UNIVERSITAT
BIBLIOTECA	ZOOLÒGIC

47 - Antarctica

```
R  T  V  W  I  B  T  W  K  J  P  T  T  L  D  Q
O  O  O  T  I  A  R  U  T  A  R  E  P  M  E  T
D  G  C  Ç  V  D  T  O  P  O  G  R  A  F  I  A
A  E  Z  Ó  A  I  B  H  V  R  Ç  D  Ç  Q  M  L
G  O  G  I  S  A  L  U  S  N  Í  N  E  P  E  A
I  G  J  C  E  L  I  X  G  Ç  V  M  F  S  D  C
T  R  C  A  R  S  L  O  V  Ú  N  E  A  X  I  E
S  A  I  V  E  T  N  E  N  I  T  N  O  C  A  X
E  F  E  R  C  I  M  C  C  C  I  L  K  I  M  P
V  I  N  E  A  U  G  A  G  O  A  Ç  D  L  B  E
N  A  T  S  L  M  I  G  R  A  C  I  Ó  L  I  D
I  G  Í  N  G  Q  F  B  E  A  N  U  K  E  E  I
O  K  F  O  H  G  I  S  Y  R  I  P  H  S  N  C
H  G  I  C  E  Ç  T  G  G  E  L  G  L  I  T  I
X  T  C  W  L  H  Ç  Ç  A  H  R  A  U  K  W  Ó
F  W  M  Ç  T  P  H  E  J  Q  K  Q  L  A  V  G
```

BADIA
OCELLS
NÚVOLS
CONSERVACIÓ
CONTINENT
CALA
MEDI AMBIENT
EXPEDICIÓ
GEOGRAFIA
GLACERES

GEL
ILLES
MIGRACIÓ
PENÍNSULA
INVESTIGADOR
ROCÓS
CIENTÍFIC
TEMPERATURA
TOPOGRAFIA
AIGUA

48 - Ballet

```
P Ç Y D B E P S T A I C A R G A
D B K S Y X C O M P O S I T O R
W A M H J P Q J J Z P N C S A P
R N B F L R V Z G C R O N E P R
Z I B T S E H R W K Q Ç È G L À
D R T H A S R Q V W W I I I A C
U A Q M S S J V Ç C M L D N U T
H L Q Z E I S S D K R L U T D I
P L D S L U C S Ú M B G A E I C
L A I F A R G O E R O C C N M A
I B A R T Í S T I C Q Z I S E C
H A B I L I T A T O A Y S I N I
B A L L A R I N S U Z H Ú T T N
E S T I L X D L M V J Ç M A S C
O R Q U E S T R A H U Q C T P È
A D T J E A Z Ç V M X Ç L O W T
```

APLAUDIMENTS
ARTÍSTIC
AUDIÈNCIA
BALLARINA
COREOGRAFIA
COMPOSITOR
BALLARINS
EXPRESSIU
GEST
AGRACIAT

INTENSITAT
LLIÇONS
MÚSCULS
MÚSICA
ORQUESTRA
PRÀCTICA
RITME
HABILITAT
ESTIL
TÈCNICA

49 - Fashion

```
H F K H S V Q M P H S Ç W N V T
M L F N M K Q I Z R Z J E O O E
P Z Ç E M U R G R P À Z Y L W X
A D O L W B U K C W G C V A N T
T X F B R O D A T H U V T N X U
R T E I X I T Y T G T O S I M R
Ó N E U E N C A I X V M E G C A
K A R Q D C K F K D H N D I D T
R G H E X Ò I Y L E N S O R O E
W E S S D M Y X V U E Q M O D N
Y L A S E O B O U T I Q U E R D
Ç E N A L D M W B C E J M Ç O È
H L M E G E A F V H U S G Q B N
C A R F M Q C K Q C D H T P A C
M E S U R E S N O T O B E I O I
M I N I M A L I S T A A V R L A
```

ASSEQUIBLE MESURES
BOUTIQUE MINIMALISTA
BOTONS MODERN
ROBA MODEST
CÒMODE ORIGINAL
ELEGANT PATRÓ
BRODAT PRÀCTIC
CAR ESTIL
TEIXIT TEXTURA
ENCAIX TENDÈNCIA

50 - Human Body

```
H C M H R D J T W X L J E R G T
X E H C A B Y U U J R U W O R W
Y R D I T B U R O C R Z H O Z D
C V U G A O L M W S W W O J X N
Ç E R K X C A E Z L O C N Q S G
N L Q I R A L L T A P S E A A V
W L F F V T L L C O L L S B N J
F G M T F E E G X S R M F O G O
S E V B Y B R T M À E A J Q U O
A N P D H R O C K G N N Z J P P
Q O T W Y A T O A D D D W Z R O
U L E W K B I N R M C Í Ç M K B
Z L J L D N H A A S A B J C Z L
G D C B W A F K C S M U F A U Ç
X Z B W R V H Y A N L L E P E P
B S B G F D J G J C R A U Y B I
```

TURMELL
SANG
OSSOS
CERVELL
BARBETA
ORELLA
COLZE
CARA
DIT
MÀ

CAP
COR(
MANDÍBULA
GENOLL
CAMA
BOCA
COLL
NAS
ESPATLLA
PELL

51 - Musical Instruments

```
Y  Y  T  F  S  V  I  O  L  Í  V  Ç  P  C  Q  S
E  D  A  Ç  A  O  X  P  V  E  W  F  F  L  R  D
Ç  J  R  D  X  P  S  M  K  T  N  B  P  A  E  H
P  S  P  H  O  A  Q  A  T  U  A  L  F  R  S  H
W  I  A  M  F  T  Ó  R  A  R  R  A  T  I  U  G
B  M  A  Y  O  E  I  I  M  M  T  J  O  N  E  T
Y  X  C  N  N  R  S  M  J  A  A  D  G  E  G  R
N  K  G  P  O  E  S  B  O  N  M  V  A  T  Y  O
P  N  È  X  I  D  U  A  Z  D  B  G  F  R  G  M
V  I  O  L  O  N  C  E  L  O  O  J  N  A  B  P
T  F  B  P  S  A  R  E  K  L  R  I  Q  O  J  E
R  Y  O  S  U  P  E  E  T  I  Y  L  N  C  G  T
O  F  Z  K  T  Z  P  I  O  N  M  P  K  F  Y  A
M  C  A  M  P  A  N  E  S  A  Q  C  C  Q  P  D
B  Ç  N  X  D  B  L  U  A  Z  L  P  C  A  U  A
Ó  Ç  E  W  B  M  Z  T  Z  I  X  M  C  Ç  I  E
```

BANJO	MANDOLINA
FAGOT	MARIMBA
VIOLONCEL	OBOÈ
CAMPANES	PERCUSSIÓ
CLARINET	PIANO
TAMBOR	SAXOFON
FLAUTA	PANDERETA
GONG	TROMBÓ
GUITARRA	TROMPETA
ARPA	VIOLÍ

52 - Fruit

```
N  H  W  J  P  S  C  E  S  S  É  R  P  P  V  G
Q  I  R  J  C  F  I  W  I  K  I  U  N  A  Q  E
D  H  H  H  S  N  R  O  Z  Q  M  N  O  P  O  R
J  C  E  E  Ó  L  E  M  Ï  A  R  S  T  A  Ç  D
T  G  V  Z  X  Q  R  L  I  Z  L  A  T  I  K  W
G  J  I  A  C  C  A  I  A  B  L  Z  O  A  S  X
S  U  M  Y  P  O  N  E  C  T  A  R  I  N  A  F
J  Z  A  B  X  C  C  S  U  A  N  Y  D  D  R  I
X  G  M  I  Ç  R  W  O  V  C  O  D  N  F  E  G
B  A  O  G  A  E  V  M  Ç  O  M  D  W  I  P  A
K  E  P  H  J  B  J  M  S  V  I  Z  W  K  P  B
P  Ç  Ç  V  C  L  A  G  B  L  L  G  N  P  B  C
E  P  Q  W  Ç  A  I  A  X  A  L  M  A  N  G  O
O  K  Z  J  E  O  P  L  À  T  A  N  V  T  S  N
S  X  A  X  E  T  H  H  P  Z  F  E  E  F  L  N
L  N  F  P  Q  U  K  P  Y  G  F  T  H  B  V  E
```

POMA	KIWI
ALBERCOC	LLIMONA
ALVOCAT	MANGO
PLÀTAN	MELÓ
BAIA	NECTARINA
CIRERA	PAPAIA
COCO	PRÉSSEC
FIGA	PERA
RAÏM	PINYA
GUAIABA	GERD

53 - Engineering

```
X E A G H N M E S U R A M E N T
P R O F U N D I T A T Z D C D A
I I Z C Ó M M M A G L V D W V V
I D Z P I D U S O O Y T O A Ç J
K T E K C N A R U T C U R T S E
Y A H S C E H Y L X O C D X Ó N
Q T X E U Ó I C U B I R T S I D
D I A G R A M A C V T E D Z S E
I L I T T M V U L E S È I D L X
U I G A S W À R À S Y O À O U P
Q B R N N F L Q C M E O M L P R
Í A E A O I P G U T L G E H O N
L T N R C U M V A I G B T Ç R Y
U S E G A M I L Q N N E R O P H
A E P N Q D F O R Ç A A E I V Z
C F S E P A L A N Q U E S O K F
```

ANGLE	ENGRANATGES
EIX	PALANQUES
CÀLCUL	LÍQUID
CONSTRUCCIÓ	MÀQUINA
PROFUNDITAT	MESURAMENT
DIAGRAMA	MOTOR
DIÀMETRE	PROPULSIÓ
DIÈSEL	ESTABILITAT
DISTRIBUCIÓ	FORÇA
ENERGIA	ESTRUCTURA

54 - Kitchen

```
Z  X  I  U  V  W  K  A  H  L  H  Ó  J  N  Y  Q
O  S  M  F  N  W  Q  R  O  D  I  L  L  U  B  E
P  E  T  M  E  E  R  R  B  S  M  L  G  Q  D  S
D  L  G  S  Q  S  T  E  V  I  N  A  G  C  K  P
G  L  X  A  F  A  C  G  K  W  R  V  X  B  M  È
L  I  C  L  Z  X  A  U  M  F  O  O  Z  H  Q  C
C  U  L  L  E  R  O  T  R  B  F  T  F  G  T  I
X  Q  A  E  J  F  L  X  M  A  Y  O  K  B  A  E
A  R  T  A  R  E  V  E  N  M  D  P  J  P  S  S
S  O  N  R  E  C  E  P  T  A  E  E  D  M  S  E
F  F  A  G  N  T  J  Y  V  W  R  N  N  E  E  R
D  F  V  S  H  B  D  A  D  M  W  W  J  T  S  E
M  N  A  B  O  L  S  N  B  J  N  A  C  A  S  L
R  O  D  A  L  E  G  N  O  C  E  B  O  O  R  L
O  T  J  X  K  Z  V  U  V  S  Y  K  Q  T  L  U
Z  W  Y  A  B  D  E  S  P  O  N  J  A  A  L  C
```

DAVANTAL	BULLIDOR
BOL	GANIVETS
ESCURADENTS	CULLEROT
TASSES	TOVALLÓ
MENJAR	FORN
FORQUILLES	RECEPTA
CONGELADOR	NEVERA
GRAELLA	ESPÈCIES
POT	ESPONJA
GERRA	CULLERES

55 - Government

```
D W Ç D R G S B I Z J Ç R R P L
I E N O Ç Q T A T L A U G I C Í
Ç M M L D N A I C Í T S U J C D
J L V O C I T W D H H C P M I E
M Y H B C U S J Ç O X E A O U R
Y B D M M R E S L W O Y C N T L
S W Ç Í P N À K I E L L Í U A L
D F E S C J Z C V D I E F M D I
N B J S R U C S I D È C I E A B
X A O V L D S S C A U N C N N E
Ó I C U T I T S N O C Y C T I R
C I X I F C F X E J D V O I A T
D V O Q Ó I N N C E B Q S G A A
Y R S Y D A C I T Í L O P Q T T
B A N U M L D I S C U S S I Ó V
I N D E P E N D È N C I A N Z A
```

CIUTADANIA
CIVIL
CONSTITUCIÓ
DEMOCRÀCIA
DISCUSSIÓ
DISSIDÈNCIA
IGUALTAT
INDEPENDÈNCIA
JUDICIAL
JUSTÍCIA

LLEI
LÍDER
LLIBERTAT
MONUMENT
NACIÓ
PACÍFIC
POLÍTICA
DISCURS
ESTAT
SÍMBOL

56 - Science Fiction

```
F N R P F O C O G K R O H Z Y G
G A D T L D P Ó I S O L P X E W
A L N C O A N U T V B K V L H T
T W Ó T I M N L O H O Ç S C J K
S E M J À Q W E R P T J Q L S I
I L C D N S I L T S S V Z M Ó P
R C L N D N T I B A A T Ò M I C
U A L U O O F I Y F I T Q C R P
T R I W Q L Y K C T P A B U E X
U O B Y S C O R A U O B U W T X
F T R S K B M G B S T L H C S T
Ç V E U F P V Ó I S U L · L I H
E M S S R X V I R A N I G A M I
D I S T Ò P I A E X T R E M L G
G A L À X I A M F S A N V F R U
D N J D B J C I N E M A D M S Ç
```

ATÒMIC
LLIBRES
CINEMA
CLONS
DISTÒPIA
EXPLOSIÓ
EXTREM
FANTÀSTIC
FOC
FUTURISTA

GALÀXIA
IL·LUSIÓ
IMAGINARI
MISTERIÓS
ORACLE
PLANETA
ROBOTS
TECNOLOGIA
UTOPIA
MÓN

57 - Geometry

```
C C T W R V P A A I F E H S P T
R O E L G N A T E O R I A U A R
V R R R T E P Z G Ç T G S P R I
T E U B C F P R C X E R S E A A
O M Ç E A L M E D I A N A R L N
H Ú V P I E E D W B K S M F · G
Q N L A Q B C I P V L Ç K Í L L
W N Ó I S N E M I D Ç K H C E E
K E Q I S E G M E N T E F I L M
L Ò G I C A I R T E M I S E C E
U K T T E R T E M À I D L U X D
C E Ç Y P P O E Q U A C I Ó D D
L D M V S I U P Z V K L S F A T
À A L T U R A V O C A G K B J K
C L A T N O Z T I R O H C U B H
A D G E R U P E U O P M E C E B
```

ANGLE	MASSA
CÀLCUL	MEDIANA
CERCLE	NÚMERO
CORBA	PARAL·LEL
DIÀMETRE	PROPORCIÓ
DIMENSIÓ	SEGMENT
EQUACIÓ	SUPERFÍCIE
ALTURA	SIMETRIA
HORITZONTAL	TEORIA
LÒGICA	TRIANGLE

58 - Creativity

```
C E Z L T A T I L I B A H F V D
A S E D Ï U L F Z U L V R U C R
N P E V B T A T I S N E T N I A
V O M I C E E L Ç X U G H N T M
I N O T N N P X N Q V T H N S À
A T C A E T G Ó P D J A J Q Í T
N A I L S I Q I F R B M X G T I
T N O I R C R C R A E I F Ç R C
I I N T Ó I C A R I P S N I A P
V N S A Z T Q N L S V W S M Z W
I D T T Y A V I T N E V N I C G
S K Z U J T S G Y D Z K A N Ó F
I V A S Ï S Z A S E N S A C I Ó
O Z P J V C K M C L A R E D A T
N K L H Y S I I I D E E S O G Y
S B M Z S E R Ó L H W T I Q N H
```

ARTÍSTIC
AUTENTICITAT
CANVIANT
CLAREDAT
DRAMÀTIC
EMOCIONS
EXPRESSIÓ
FLUÏDESA
IDEES
IMATGE

IMAGINACIÓ
INSPIRACIÓ
INTENSITAT
INTUÏCIÓ
INVENTIVA
SENSACIÓ
HABILITAT
ESPONTANI
VISIONS
VITALITAT

59 - Airplanes

```
F  P  N  E  N  L  U  J  J  N  A  A  D  E  A  W
H  I  D  R  O  G  E  N  Ç  D  T  V  E  M  L  Y
L  P  U  I  U  A  H  C  P  D  E  E  S  L  T  P
A  S  N  A  D  M  N  T  J  K  R  N  C  M  I  I
Z  K  Z  L  C  Ç  O  I  I  C  R  T  E  R  T  L
N  E  Ç  N  H  O  Z  T  T  O  A  U  N  F  U  O
J  L  F  Q  D  V  N  U  O  V  T  R  S  U  D  T
P  B  Z  B  Y  N  M  S  Q  R  G  A  C  S  U  P
H  I  S  T  Ò  R  I  A  T  N  E  I  B  M  A  C
A  T  X  O  O  K  S  A  R  K  K  M  M  O  M
A  S  I  J  J  F  I  D  R  S  U  B  O  L  G  X
M  U  L  U  F  R  N  X  U  V  I  C  C  H  P  R
I  B  È  P  A  S  S  A  T  G  E  R  C  H  J  U
W  M  H  T  R  I  P  U  L  A  C  I  Ó  I  V  P
Ç  O  U  F  M  L  C  G  A  N  Y  F  Ç  A  Ó  Y
H  C  D  I  S  S  E  N  Y  C  A  G  N  M  G  Z
```

AVENTURA	COMBUSTIBLE
AIRE	ALTURA
ALTITUD	HISTÒRIA
AMBIENT	HIDROGEN
GLOBUS	ATERRATGE
CONSTRUCCIÓ	PASSATGER
TRIPULACIÓ	PILOT
DESCENS	HÈLIXS
DISSENY	CEL
MOTOR	

60 - Ocean

```
Y M B F P W J G D A J N O P S E
S R E D F W Y R U X N N F B Z T
G P A M E H V N R I M G L L Z O
L R A N A A M A R E E S U I W M
Y Ç L H T L M F N P O P Z I A A
I I J P Q G A N I Y N O T V L L
S I W I T U R R N T E Y E P L A
S F T I G E T E O X T L J U W L
I E B B U S S S K C I A P T J E
X H M C Q E O J M U F S U G S S
A R D R N N G A M B A E A R A C
M Y I A D O F N B Ç Z S F D Ó U
Q Í R N Y K M E A R Z U C N Y L
J F Q C B H K L Ç T T D W Z M L
T O R T U G A A A T S E P M E T
U D S F P I L B F M M M E C K S
```

ALGUES	SAL
CORAL	TAURÓ
CRANC	GAMBA
DOFÍ	ESPONJA
ANGUILA	TEMPESTA
PEIX	MAREES
MEDUSES	TONYINA
POP	TORTUGA
OSTRA	ONES
ESCULL	BALENA

61 - Force and Gravity

```
Ç  L  G  C  R  N  K  Z  H  Z  F  W  O  C  P  W
M  A  G  N  I  T  U  D  S  A  R  D  S  A  X  Ç
E  S  G  I  Z  S  B  O  T  X  I  E  O  Z  D  E
P  R  E  S  S  I  Ó  T  A  Y  C  R  Ç  P  Y  Z
T  J  J  Z  Z  Y  I  M  T  F  C  T  A  Ç  P  S
I  I  Z  M  L  A  S  R  E  V  I  N  U  M  R  N
F  M  C  A  Y  L  N  H  I  C  Ó  E  L  N  P  W
Í  D  P  T  E  P  A  W  P  E  À  C  G  F  U  J
S  I  Y  A  I  I  P  L  O  O  R  N  R  Z  Q  M
I  S  I  T  C  S  X  W  R  S  A  T  I  B  R  Ò
C  T  V  I  X  T  E  D  P  D  P  W  R  C  N  A
A  À  P  C  Ç  Z  E  D  I  N  À  M  I  C  A  J
L  N  A  O  M  A  G  N  E  T  I  S  M  E  G  K
Ç  C  S  L  U  P  M  I  T  E  M  P  S  R  E  N
C  I  N  E  D  E  S  C  O  B  R  I  M  E  N  T
Q  A  L  V  P  Ç  J  Ç  C  G  V  Q  W  K  T  N
```

EIX	MECÀNICA
CENTRE	IMPULS
DESCOBRIMENT	ÒRBITA
DISTÀNCIA	FÍSICA
DINÀMIC	PRESSIÓ
EXPANSIÓ	PROPIETATS
FRICCIÓ	VELOCITAT
IMPACTE	TEMPS
MAGNETISME	UNIVERSAL
MAGNITUD	PES

62 - Birds

```
P N Q O C I G O N Y A P A Ó J F
C O S C E M S X A S E L N B J G
C O L A N L M S G M À C I L E P
I C R L À C U T R E X X V U J X
G U I B A E N R Ó X Y E A P G L
N C I S E S C A N A R I G P U À
E U A Y S X T T J W M P W I C T
V T H H T Y A R Q S E J J N O X
M L C O R O L L E J L E M G H F
E I D L U N U I H X B G U Ü T L
P T O H Ç P A R D A L W E Í S A
C F Z M S P L O L B U Y Q M F M
C M G Ç N Ç D X T P H O K R L E
X J O W F F D P R C A P J E M N
F R U K Z L A E L E C Q B C Q C
W D Ç J V A F M Y A B V H Q N D
```

CANARI	AGRÓ
POLLASTRE	ESTRUÇ
CORB	LLORO
CUCUT	PAÓ
ÀNEC	PELICÀ
ÀGUILA	PINGÜÍ
OU	PARDAL
FLAMENC	CIGONYA
OCA	CIGNE
GAVINA	TUCÀ

63 - Art

```
U  X  I  F  R  A  M  E  T  A  R  I  P  S  N  I
X  H  W  S  F  M  V  L  J  V  H  R  M  D  F  S
S  L  X  R  W  U  Z  H  N  V  O  R  N  R  O  U
P  O  E  S  I  A  S  E  N  Z  I  L  L  U  E  R
Y  B  L  H  E  J  C  Z  I  M  C  R  E  A  R  R
L  M  P  R  O  R  K  Y  K  K  Z  O  Ó  Ç  L  E
A  Í  M  B  R  N  U  C  E  R  À  M  I  C  A  A
O  S  O  Z  B  B  E  T  R  H  L  U  C  E  N  L
Y  S  C  X  S  C  B  S  N  Q  D  H  I  X  I  I
P  E  R  S  O  N  A  L  T  I  F  V  S  P  G  S
V  I  S  U  A  L  P  G  G  E  P  B  O  R  I  M
J  K  A  A  H  Y  Z  R  L  J  Y  Y  P  E  R  E
H  X  P  Z  J  U  J  W  U  J  T  E  M  S  O  B
T  E  M  U  R  U  I  A  T  E  J  B  O  S  E  W
E  S  C  U  L  T  U  R  A  D  A  C  C  I  M  Z
R  E  T  R  A  T  A  R  I  J  K  Y  L  Ó  N  U
```

CERÀMICA	PINTURES
COMPLEX	PERSONAL
COMPOSICIÓ	POESIA
CREAR	RETRATAR
EXPRESSIÓ	ESCULTURA
XIFRA	SENZILL
HONEST	TEMA
INSPIRAT	SURREALISME
HUMOR	SÍMBOL
ORIGINAL	VISUAL

64 - Nutrition

```
F  R  P  U  D  Z  F  W  K  R  Q  L  D  W  C  D
F  S  G  Q  E  E  V  Z  M  Y  I  T  T  A  O  E
S  E  G  W  Q  T  Ó  I  T  S  E  G  I  D  M  Q
B  I  R  O  B  A  S  D  T  U  L  A  S  Y  E  U
B  R  A  M  J  H  S  N  I  A  S  L  A  S  S  I
V  O  M  Y  E  C  B  Q  T  T  M  W  S  Z  T  L
X  L  A  R  K  N  O  Ç  E  E  L  I  E  N  I  I
T  A  R  L  H  H  T  P  P  I  V  L  N  D  B  B
N  C  D  B  Q  À  M  A  A  D  H  Í  Ï  A  L  R
K  U  M  D  I  B  B  N  C  F  Y  Q  E  L  E  A
V  B  T  H  F  I  I  I  I  I  M  U  T  S  D  T
L  S  V  R  D  T  M  X  L  L  Ó  I  O  W  X  O
P  X  O  S  I  S  P  O  P  W  C  D  R  X  T  P
L  Q  F  W  T  E  Ç  T  O  F  U  S  P  I  K  M
W  K  E  C  M  P  N  S  A  L  U  D  A  B  L  E
F  X  T  V  F  V  Ç  T  Q  U  A  L  I  T  A  T
```

APETIT	SALUT
EQUILIBRAT	SALUDABLE
AMARG	LÍQUIDS
CALORIES	NUTRIENT
DIETA	PROTEÏNES
DIGESTIÓ	QUALITAT
COMESTIBLE	SALSA
FERMENTACIÓ	TOXINA
SABOR	VITAMINA
HÀBITS	PES

65 - Hiking

```
O O R T G P W B E Z X M Y G H O
R K H X P K K K A Q X A U G I A
I Z O D D R V M L H V P R L Y Y
E Ç N S L J E X M I A A B T Q N
N E H Q Y G P P P E D R E S U A
T G U Ç A E U A A M I L C E Q T
A T G S O C S I R R X P U T D N
C A N I M A L S E C A E G O I U
I V I R H F O K M S S C E B Ç M
Ó L P N O N S S I R P H I Ç Ç R
B A M H Q E G Q C I L R V Ó I W
C S À X Y N A T U R A L E S A V
E C C F M U V S V J G S N P F L
P E S A T A G E S A Y N E P I A
H N Q O K H D U P J M L G J O J
M Y Q Y C A N S A T B X N R D H
```

ANIMALS
BOTES
CÀMPING
PENYA-SEGAT
CLIMA
GUIES
RISCOS
PESAT
MAPA
MUNTANYA

NATURALESA
ORIENTACIÓ
PARCS
PREPARACIÓ
PEDRES
CIMERA
SOL
CANSAT
AIGUA
SALVATGE

66 - Professions #1

```
J S R Ç M E N T R E N A D O R M
J Y L Ç Ú R V E T E R I N A R I
F X G C S E W D K R E N I R A M
C D A F I U E M A W R M X I R Ç
Ç A K M C Q H J A S T R Ò N O M
B Ç R F B N V W G Ç S O L Z T C
J A U T O A T S I N A I P P I A
P N L W Ò B I X Z E S M T S D Ç
O N W L V G U X C J M E L I E A
U L O G A Z R W A Ç T T A C A D
J O I E R R I A Y D I G M Ò D O
C Ç W L E T I Y F H O E P L V R
B B U Ò Y X S N F G H R I E O N
N Ç O E B K Q S A Z W N S G C Ç
F Y I G V C O Q X I P V T T A E
I N F E R M E R A P D Q A N T A
```

AMBAIXADOR
ASTRÒNOM
ADVOCAT
BANQUER
CARTÒGRAF
ENTRENADOR
BALLARINA
METGE
EDITOR
GEÒLEG

CAÇADOR
JOIER
MÚSIC
INFERMERA
PIANISTA
LAMPISTA
PSICÒLEG
MARINER
SASTRE
VETERINARI

67 - Barbecues

```
R Y T R N S Ç W Y Y J O X M M F
F O R Q U I L L E S Y J P X E F
A M I C S U X A Y Ç M J O D N N
F I K K A I L Í M A F O L U J M
A N X N M T G O A A M C L M A C
S O L R A S I A V M O S A Ç R A
M S Z V N E O U N C L P S Z V L
F A M F I A X J R I C S T W E E
V G J R D J B E A F V T R J R N
Ç J L D E E I Q P B C E E M D T
B U L S S Z C S O P V U T A U X
P W J A N X R O S E C Q D S R Q
S A L L E A R G A V Z À Z M E D
T A S S N I I C G W L M C G S B
G N L A C I S Ú M I V O E S X N
Ç A Q P F Q F H P V N T Z Ç Ç S
```

POLLASTRE	CALENT
NENS	FAM
SOPAR	GANIVETS
FAMÍLIA	MÚSICA
MENJAR	AMANIDES
FORQUILLES	SAL
AMICS	SALSA
FRUITA	ESTIU
JOCS	TOMÀQUETS
GRAELLA	VERDURES

68 - Chocolate

```
A V A K W W S R R J V B C A F F
M R S O S I C P Ç Y Z L A Ç H A
O O T N E I D E R G N I C X Y V
R B E E C C A R A M E L A U W O
A A U R S A A M A R G N U A J R
Q S A C L A L D B M U L Y N Z I
Ç V C U O I N O A S V Q Y T B T
O N A S P U R A R Ó Z J J I L F
Ç R C G U S T Q L I T N T O U R
R E C E P T A U T C E W R X H O
O D C O C O Z A K I P S M I O L
Q Z O E H K P L G L S P Y D X P
C W S L C I Q I O E O S U A Y V
S C Y A Ç S Q T V D X W C N U Y
G J V C F N I A M G V F O T I Q
Q S D A C C I T Ò X E C W M S Z
```

ANTIOXIDANT
AROMA
ARTESANAL
AMARG
CACAU
CALORIES
CARAMEL
COCO
DELICIÓS
EXÒTIC

FAVORIT
SABOR
INGREDIENT
CACAUETS
POLS
QUALITAT
RECEPTA
SUCRE
DOLÇ
GUST

69 - The Media

```
C O M E R C I A L A A S U B H K
T L J D J B R Ç C Q R X Z Z O Q
T K I E N W R U G O L X M X D R
I N D Ú S T R I A P A R O E A E
Y R A L H T V H I O U L Q Ó F S
A C T I T U D S E G T A M I I P
X S I R A I D E D G C U F C N E
R T G L B X T T I I E D H A A N
A E G W B Q M S G W L I S C N L
X F S I N Ú G I I J · V O U Ç Í
R À D I O B P V T V L I O D A N
E D I C I Ó T E A H E D S E M I
Y P Z V A Y F R L B T N N D E A
Y Y Z N Y J D S Ó I N I P O N P
G L O C A L Z Ç U X I H P P T Z
Q V M M Ç C O M U N I C A C I Ó
```

ACTITUDS
COMERCIAL
COMUNICACIÓ
DIGITAL
EDICIÓ
EDUCACIÓ
FETS
FINANÇAMENT
IMATGES
INDIVIDUAL

INDÚSTRIA
INTEL·LECTUAL
LOCAL
REVISTES
XARXA
DIARIS
EN LÍNIA
OPINIÓ
PÚBLIC
RÀDIO

70 - Boats

```
C Y B N W R B R W O Z L Y B T W
O A E M I P Z Q U I K V K F R N
M X I Y N F Y X I I P Q H J I H
J U R A P A L Ç R O Ç M V V P E
A L R C C R L V G E H B X T U Q
Y À E C O B O I A K M V C O L G
M S F M K R M A R E A M A R A E
A R E W V O D S N Q E I L E C C
R A J O P T P A L L Q Q L L I S
I E I S A O À N C O R A Ç E Ó B
N F S P A M N À U T I C G V F A
E W M A Ç I R A R O C Y C A T S
R O A F E R W Y I I C A H Ç R S
J W P K K J Ç Z U O G Q N G C A
E O D I T L Z F R P O R N O N R
B G W B I O Ç A R M S B N M A B
```

ÀNCORA	NÀUTIC
BOIA	OCEÀ
CANOA	BASSA
TRIPULACIÓ	RIU
MOLL	CORDA
MOTOR	VELER
FERRI	MARINER
CAIAC	MAR
LLAC	MAREA
PAL	IOT

71 - Activities and Leisure

```
B P C R V Q S S V O T E N F O H
O J I O Q Ç Z O O G I E S S U B
X A H N L E M S I R E D N E S D
A R N W T W M J Q A L Ç O N D O
J D G W G U W I E C F F I C I C
P I S V V P R S E S R U C H U S
G N I P M À C A G E Y T I Ç I N
G E V I A T G E G P Z B F S T A
V R B À S Q U E T O H O A P Z T
R I C U X M C L N B L L D L X A
F A P Q F S E Z A E H F H W U C
V O L E I B O L X I C R M U K I
S P B J M Q G T A S Z U X A W Ó
L F K I U P P D L B I S S R E J
S C P E A P V G E O Z W U T Q Q
C C N Z B I Y T R L B Z I Y U N
```

ART
BEISBOL
BÀSQUET
BOXA
CÀMPING
BUSSEIG
PESCAR
JARDINERIA
GOLF
SENDERISME

AFICIONS
PINTURA
CURSES
RELAXANT
FUTBOL
SURF
NATACIÓ
TENNIS
VIATGE
VOLEIBOL

72 - Driving

```
S  K  Y  V  D  P  A  B  J  J  J  E  L  C  A  F
Ç  U  M  M  J  E  E  O  G  V  H  E  L  H  S  Y
X  X  Z  L  X  R  B  S  O  C  H  M  I  Ç  B  I
F  I  Y  I  E  I  B  O  X  E  Ó  R  C  E  E  C
I  Q  T  H  F  L  V  D  J  Z  I  H  È  Ç  V  Z
M  O  T  O  R  L  C  I  R  J  M  E  N  T  E  Ç
P  O  L  I  C  I  A  O  A  G  A  S  C  R  L  A
Y  Z  S  F  R  E  N  S  N  N  C  P  I  J  O  A
A  Y  M  L  W  M  E  A  G  D  A  L  A  V  C  R
G  S  N  Q  K  O  W  S  C  Y  U  N  N  M  I  E
C  O  T  X  E  T  K  L  C  F  Q  C  T  T  T  T
T  Ú  N  E  L  O  L  A  W  E  B  L  T  D  A  E
C  O  M  B  U  S  T  I  B  L  E  D  F  O  T  R
G  A  R  A  T  G  E  T  R  À  N  S  I  T  R  R
S  E  G  U  R  E  T  A  T  N  E  D  I  C  C  A
M  D  N  D  M  H  L  I  U  C  I  C  G  X  R  C
```

ACCIDENT	MOTOR
FRENS	MOTO
COTXE	VIANANT
PERILL	POLICIA
CONDUCTOR	CARRETERA
COMBUSTIBLE	SEGURETAT
GARATGE	VELOCITAT
GAS	TRÀNSIT
LLICÈNCIA	CAMIÓ
MAPA	TÚNEL

73 - Biology

```
U  C  H  L  Ó  I  C  U  L  O  V  E  N  R  W  D
W  N  E  R  V  I  B  H  P  X  Ç  N  A  È  Y  E
A  C  R  O  M  O  S  O  M  A  P  Z  T  P  I  C
M  N  P  R  O  T  E  Ï  N  A  Q  I  U  T  F  E
W  U  A  B  A  C  T  E  R  I  S  M  R  I  O  L
O  I  T  T  A  C  L  U  M  Ç  A  E  A  L  T  ·
C  S  Z  A  O  Q  L  N  M  J  Z  W  L  S  O  L
O  P  M  B  C  M  H  O  R  M  O  N  A  S  S  A
L  A  G  O  S  I  I  C  E  X  B  D  T  I  Í  X
·  N  P  M  S  G  Ó  A  F  M  O  K  Ç  M  N  J
L  I  L  U  S  I  I  A  Í  Z  V  B  Ç  B  T  U
A  S  M  W  J  A  R  I  M  Q  Y  Y  Q  I  E  H
G  E  Y  G  D  Y  B  D  A  L  S  H  A  O  S  Ç
E  P  J  Ç  Ç  C  M  I  M  O  S  O  V  S  I  W
N  R  K  N  D  O  E  Ç  T  S  S  G  Q  I  I  N
D  V  I  J  N  E  U  R  O  N  A  R  R  U  Ç  Ç
```

ANATOMIA
BACTERIS
CEL·LA
CROMOSOMA
COL·LAGEN
EMBRIÓ
ENZIM
EVOLUCIÓ
HORMONA
MAMÍFER

MUTACIÓ
NATURAL
NERVI
NEURONA
OSMOSI
FOTOSÍNTESI
PROTEÏNA
RÈPTIL
SIMBIOSI
SINAPSI

74 - Professions #2

```
I N V E N T O R O T N I P N M D
C P J E S M I Z B I Ò L E G Ç E
I R F I L Ò S O F K B O T C U N
R O A R O D A R T S U L · L I T
U F R A U C X W Y A V L T K T I
R E G C P W M A W T L H W F C S
G S Ò E G I P S J S E U A R E T
I S T T E R C E I I A C T E T A
À O O O V M Q K V D L L U Y E D
Q R F I P G E L Ò O Z A A N D V
N N R L M I A T S I Ü G N I L V
I E Q B P W L U G R P W O G H N
J G P I A O F O S E F H R N M Y
C P C B G G G B T P I L T E I C
I P W J È M P U J I G Q S V W X
Ç M P C S A R E N I D R A J O S
```

ASTRONAUTA

BIÒLEG

DENTISTA

DETECTIU

ENGINYER

PAGÈS

JARDINER

IL·LUSTRADOR

INVENTOR

PERIODISTA

BIBLIOTECARI

LINGÜISTA

PINTOR

FILÒSOF

FOTÒGRAF

METGE

PILOT

CIRURGIÀ

PROFESSOR

ZOÒLEG

75 - Emotions

```
Z  S  B  O  N  D  A  T  S  T  I  M  W  C  T  H
A  O  A  N  O  Q  M  M  U  R  Y  E  H  N  E  V
C  O  Q  T  G  G  L  S  O  I  O  Z  A  R  N  E
M  V  X  A  I  U  A  X  K  S  A  M  C  B  D  X
T  Y  Q  S  O  S  C  S  U  T  H  S  A  R  R  V
U  W  G  E  G  K  F  K  U  E  L  L  E  R  E  R
A  Y  M  R  M  C  T  E  X  S  Ç  I  C  B  S  E
G  X  R  P  P  O  A  I  T  A  P  M  I  S  A  L
R  I  P  R  A  Z  C  C  J  F  Y  G  E  D  T  A
A  I  O  O  U  Q  R  I  D  O  I  B  Z  X  E  X
Ï  Y  R  S  T  I  Y  N  O  G  R  E  V  A  P  A
T  F  Q  B  Y  K  T  U  G  N  I  T  N  O  C  T
A  V  O  R  R  I  M  E  N  T  A  R  I  E  Q  O
F  E  L  I  C  I  T  A  T  C  B  T  T  C  O  W
E  Z  R  H  Ç  K  G  Z  F  S  X  B  T  L  Ç  V
Q  G  B  Z  I  N  C  Z  K  K  J  C  A  X  X  G
```

IRA	BONDAT
FELICITAT	AMOR
AVORRIMENT	PAU
CALMA	RELAXAT
CONTINGUT	RELLEU
AVERGONYIT	TRISTESA
EMOCIONAT	SATISFET
POR	SORPRESA
AGRAÏT	SIMPATIA
GOIG	TENDRESA

76 - Mythology

```
H  Ç  N  U  G  T  M  C  Z  G  W  V  T  Ç  Z  P
P  E  E  M  Y  E  O  U  L  U  E  V  I  R  V  T
I  K  R  G  M  V  N  L  L  N  R  L  K  H  V  X
T  R  O  O  Ó  E  S  T  A  Ç  T  E  O  O  T  I
E  B  Z  P  I  N  T  U  M  T  S  C  Y  S  N  R
U  D  O  V  C  J  R  R  P  N  A  C  O  C  I  E
Q  R  B  I  A  A  E  A  S  E  S  V  D  R  R  A
R  P  Ç  L  E  N  L  D  E  M  E  Z  E  E  E  D
A  O  G  S  R  Ç  I  Q  K  A  D  I  Ï  E  B  N
W  S  W  N  C  A  M  O  R  T  A  L  T  N  A  E
C  R  I  A  T  U  R  A  I  R  Y  E  A  C  L  G
G  U  E  R  R  E  R  Ç  B  O  G  J  T  E  O  E
P  T  L  O  K  F  I  F  D  P  J  V  S  S  I  L
W  Q  D  G  Y  L  N  Q  Ç  M  C  T  V  E  T  L
G  T  A  T  I  L  A  T  R  O  M  M  I  P  H  O
M  M  W  C  I  F  C  F  B  C  R  X  M  L  B  N
```

ARQUETIP	IMMORTALITAT
COMPORTAMENT	GELOSIA
CREENCES	LABERINT
CREACIÓ	LLEGENDA
CRIATURA	LLAMPS
CULTURA	MONSTRE
DEÏTATS	MORTAL
DESASTRE	VENJANÇA
CEL	TRO
HEROI	GUERRER

77 - Agronomy

```
A P L P G S S Z V U D B T F N Ç
G R V I B B D F E B B K V Z R K
R S C I È N C I A I G O L O C E
I Ó I S O R E R U A U E D J C O
C I R S V E R D U R E S P A O R
U C U E T L O Q S E W F L E N G
L C R I C E E S T U D I A N T À
T U A T E R M U V A R X N E A N
U D L L A N Ç E C J L I T R M I
R O Q A E N O B S P E Y E G I C
A R S L R L L A V O R S S I N A
S P F A V Q R X I B Z X W A A I
T N E M E X I E R C C P A H C G
A P E S M E N J A R R Ç Q C I U
M E D I A M B I E N T E Q S Ó A
V F J L U B K E F N P Z Ç D J O
```

AGRICULTURA	PLANTES
MALALTIES	CONTAMINACIÓ
ECOLOGIA	PRODUCCIÓ
ENERGIA	RURAL
MEDI AMBIENT	CIÈNCIA
EROSIÓ	LLAVORS
ADOB	ESTUDI
MENJAR	SISTEMES
CREIXEMENT	VERDURES
ORGÀNIC	AIGUA

78 - Hair Types

```
O  Ç  Ç  B  W  E  O  G  K  M  E  N  Q  Y  O  U
S  B  P  C  R  F  T  R  J  Ó  R  R  A  M  J  V
E  R  X  U  E  I  X  I  U  R  G  S  E  C  P  Ç
T  Z  N  R  L  C  L  S  E  N  E  R  T  D  R  N
R  O  S  T  B  L  F  L  B  W  N  B  A  A  I  T
T  R  E  N  A  T  A  S  A  E  G  F  L  F  M  W
A  R  B  J  D  V  S  R  X  N  V  F  U  A  U  S
S  Í  L  P  U  W  E  O  G  I  T  U  D  T  C  M
S  N  A  P  L  K  E  C  O  L  O  R  N  N  X  X
I  X  N  V  A  Ç  J  V  I  U  R  E  O  H  S  Q
R  O  C  Q  S  Q  M  Q  P  P  K  Y  I  A  C  N
R  L  U  D  U  Y  Q  Z  L  W  A  C  C  H  Y  Ç
A  S  N  J  S  E  Y  V  Y  F  E  Y  Z  S  A  U
R  E  O  X  T  R  Q  J  R  H  D  L  E  S  Q  U
F  R  Y  O  W  R  L  F  T  Z  E  K  N  H  A  R
H  F  O  Ç  L  R  U  L  H  U  I  O  F  S  H  L
```

CALB	GRIS
NEGRE	SALUDABLE
ROS	LLARG
TRENAT	BRILLANT
TRENES	CURT
MARRÓ	SUAU
COLOR	GRUIX
RÍNXOLS	PRIM
ARRISSAT	ONDULAT
SEC	BLANC

79 - Furniture

```
F P T P D E Z G C U A C S G V F
S W L W Q T W R U O R R E D F U
E S C R I P T O R I I Í M P O T
E N M Z W L E A X L D X N A B O
L L I T M L P D Y C A I I C R N
K B Y G X I Ç Ç R U C O A N L I
L L U M C B V O W E A C Y L S M
V B R F O R J C L M D S O F À I
E B G B R E Y X A Q O O V Y L R
S G Q Z T R H A M A C A N U A A
T B J Y I I X F B C J M R S T L
I Q B X N A L I A A R K U H A L
D V J A E S P T N T B A P F M W
O X P Y S W Ç A C U X M A Q A H
R H H L G H Ç C Z B F S G T C U
A R G R P R E S T A T G E S Ç N
```

BUTACA	ESCRIPTORI
ARMARI	VESTIDOR
LLIT	FUTON
BANC	HAMACA
LLIBRERIA	LLUM
CADIRA	MATALÀS
EDREDONS	MIRALL
SOFÀ	COIXÍ
CORTINES	CATIFA
COIXINS	PRESTATGES

80 - Garden

```
T N O A Y H N J P A L A P S E G
N E R B R A V K U Y F Y Y Y Q I
G J R G Q E A D L N R O C J W I
A F Í R X Y R C P I H E H E K B
R Y L S A B R E H V H A M A C A
A M O O T S I K Z U R G M R N U
T D P P R L S A E S N E A W A J
G L M N O P W A S N A N L P B H
E E A H H R X T T S N À E V E G
B D R R E B X X A J G M S T I D
S T T R E Ç W O N A H H H A E T
R A S C L E T X Y R B D E N R K
N O U C C G K S S D I U R C W Ç
D V B C O Y Z X D Í V S B A W M
X P R D K T X H H P S T E Y D N
Q Ç A A Ç N Ç X E P X G S L Q D
```

BANC
ARBUST
TANCA
FLOR
GARATGE
JARDÍ
HERBA
HAMACA
MÀNEGA
GESPA

HORT
ESTANY
PORXO
RASCLET
PALA
TERRASSA
TRAMPOLÍ
ARBRE
VINYA
MALES HERBES

81 - Diplomacy

```
S D R E T Z N T K A È G Z C O C
A W X P P Q V A Z M N T M F K I
D C Ó F R Ó K T O B L A I D P U
X V I E H I B C M A F T R C T T
J U S T Í C I A K I M I A J A A
O A S C Í U D R I X L N T S T D
M W U I A L E T R A H U I E I A
N O C L T O O S X D Ç M N G R N
Q D S F X S Y P C A X O A U G S
B X I N R E V O G Í Ç C M R E E
R V D O M R A B Z W V G U E T X
V V H C S O L U C I Ó I H T N T
J S C O O P E R A C I Ó C A I Y
A M B A I X A D O R P I F T W I
T R Q J W G A S S E S S O R L D
D I P L O M À T I C Z O Y L V Q
```

ASSESSOR
AMBAIXADOR
CIUTADANS
CÍVIC
COMUNITAT
CONFLICTE
COOPERACIÓ
DIPLOMÀTIC
DISCUSSIÓ
AMBAIXADA

ÈTICA
GOVERN
HUMANITARI
INTEGRITAT
JUSTÍCIA
POLÍTICA
RESOLUCIÓ
SEGURETAT
SOLUCIÓ
TRACTAT

82 - Countries #1

```
J P J N F A S J H U M B A C Ç F
I W O V Q M P H B R G S G A J I
J L I L L G I E G I P T E N Z N
L D X G Ò N V E M T G L U A O L
Q Í T M A N T E I V U E R D V À
H Z B W U H I H Q F P T O À E N
Z N Z I G I P A T A B Ò N F N D
P L G A A I L À T I R N J O E I
G H K Q R U W M B A A I I L Ç A
A L E M A N Y A Y D S A M U U I
Y A X X C J N N X J I Z W E E N
N G H V I A C A D W L D A J L A
A E N J N R A P I S R A E L A M
P N Y V M A R R O C I H G P F O
S E F K J A R C O K A G W U G R
E S B I D X Y Z C J L E E X G X
```

BRASIL
CANADÀ
EGIPTE
FINLÀNDIA
ALEMANYA
IRAQ
ISRAEL
ITÀLIA
LETÒNIA
LÍBIA

MARROC
NICARAGUA
NORUEGA
PANAMÀ
POLÒNIA
ROMANIA
SENEGAL
ESPANYA
VENEÇUELA
VIETNAM

83 - Adjectives #1

```
V A L U Ó S J A I E N J T I J S
L Ç I O D E G R T M K R I D J L
I D È N T I C I T S Í T R A R K
T X Y U A Ç G R Ç A E X Ò T I C
Ú A A G S Ó I C I B M A L I L S
N Y B U E C Z L B O N I C E H Ç
T Q U S P Z I N E U L P R R N O
H Y O Ó O S P H T F N P L O O T
A M Y R Ç L Y C A T R A C T I U
X T F E U Z U N V S E K A O C E
X I Q N Ç K J T Ç E D J X B L R
P Q O E V L M U X N O P Ç Q S G
J G Ç G Z K D S B O M M P C O E
Q A R O M À T I C H I K T Ç P I
I M P O R T A N T M R D M H W I
X F O S C Q K P E E P S Y U P G
```

ABSOLUT	PESAT
AMBICIÓS	ÚTIL
AROMÀTIC	HONEST
ARTÍSTIC	IDÈNTIC
ATRACTIU	IMPORTANT
BONIC	MODERN
FOSC	GREU
EXÒTIC	LENT
GENERÓS	PRIM
FELIÇ	VALUÓS

84 - Rainforest

```
C  B  Y  R  M  C  L  X  E  P  R  E  F  U  G  I
Ó  E  V  C  T  C  O  Z  M  S  Ó  U  L  A  V  I
I  C  W  N  A  Ç  R  M  P  O  P  R  O  C  Z  N
C  I  N  À  T  O  B  X  U  V  J  È  P  M  Z  D
A  O  V  D  I  A  Z  N  N  E  S  C  B  A  Í
R  A  N  O  S  Ç  C  H  M  T  I  E  H  I  S  G
U  M  J  S  R  E  F  Í  M  A  M  T  P  J  E  E
A  F  A  L  E  T  K  G  Ç  L  I  C  A  X  L  N
T  I  Z  L  V  R  Z  J  L  G  G  E  M  T  A  A
S  B  I  E  I  W  V  V  G  N  Y  S  O  S  R  M
E  I  H  C  D  E  Q  A  X  U  K  N  L  V  U  I
R  S  H  O  D  J  J  R  C  J  K  I  S  A  T  L
R  E  S  P  E  C  T  E  V  I  K  A  A  M  A  C
N  Ú  V  O  L  S  T  Y  Z  W  Ó  Y  M  R  N  S
H  K  N  J  C  X  Y  M  R  X  Z  F  E  V  F  B
C  D  I  S  U  P  E  R  V  I  V  È  N  C  I  A
```

AMFIBIS	MAMÍFERS
OCELLS	MOLSA
BOTÀNIC	NATURALESA
CLIMA	CONSERVACIÓ
NÚVOLS	REFUGI
COMUNITAT	RESPECTE
DIVERSITAT	RESTAURACIÓ
INDÍGENA	ESPÈCIE
INSECTES	SUPERVIVÈNCIA
JUNGLA	VALUÓS

85 - Global Warming

```
I  K  C  À  R  T  I  C  T  P  D  P  A  R  A  L
D  N  G  O  V  E  R  N  F  R  S  Y  M  X  N  E
F  A  T  U  N  G  A  G  Y  S  V  I  B  C  Y  G
M  U  D  E  H  À  B  I  T  A  T  S  I  A  C  I
L  Q  T  E  R  E  N  E  R  G  I  A  E  T  K  S
Ç  V  L  U  S  N  O  I  C  A  R  E  N  E  G  L
M  C  Z  F  R  T  A  S  R  P  W  S  T  N  C  A
L  F  C  L  I  M  A  C  S  I  V  N  A  C  D  C
V  C  I  F  Í  T  N  E  I  C  Z  O  L  I  R  I
A  R  C  O  K  F  E  A  P  O  I  I  C  Ó  H  Ó
C  I  F  H  G  T  M  K  U  Ç  N  C  R  K  M  Y
D  S  I  N  D  Ú  S  T  R  I  A  A  C  K  I  D
G  I  N  C  V  I  Q  Z  T  P  U  L  L  H  A  Ç
Ç  A  O  E  L  V  F  S  J  X  S  B  P  W  C  Z
X  G  X  R  Y  D  H  Q  Q  Y  D  O  C  S  A  W
M  Z  D  S  E  R  U  T  A  R  E  P  M  E  T  F
```

ÀRTIC
ATENCIÓ
CANVIS
CLIMA
CRISI
DADES
ENERGIA
AMBIENTAL
FUTUR
GAS

GENERACIONS
GOVERN
HÀBITATS
INDÚSTRIA
INTERNACIONAL
LEGISLACIÓ
ARA
POBLACIONS
CIENTÍFIC
TEMPERATURES

86 - Landscapes

```
L L R C Y W I N R H A C M X P J
G V A O E O W R D Q U U I A A C
J Q L Z Ç V Z E X I V A L L N M
Z C Y L U O Z F M L H O C O T M
U M X N A L M J T L Q N C V À U
P A P E G C A M J A G C X E W N
O L L A C À R R B V Q U G Ç À T
B A R D N U T E E O X U C L Y A
C S S E G I I S P C Z I Q J S N
C D C I Ç R V I A D A C S A C Y
R X M Z F R D È P S K L K R C A
S T P X E K Q U Ó W W C G G B K
P L A T J A Y G R E B E C I S A
F T N W N N A L U S N Í N E P A
D E S E R T H D T V X H T Y V N
B C E B M E N I Z V R D Y S H B
```

PLATJA
COVA
DESERT
GUÈISER
GLACERA
TURÓ
ICEBERG
ILLA
LLAC
MUNTANYA

OASI
OCEÀ
PENÍNSULA
RIU
MAR
PANTÀ
TUNDRA
VALL
VOLCÀ
CASCADA

87 - Plants

```
B J W R R A Q X S T B J O S T Ç
T O R U J B D F N I A A R O L F
S K T N G R H O Y J M R K L K S
E M J À Y E W I B A B D M O N L
J X Ó D N H K T U F Ú Í D L X Ç
I W I O E I V X F U L L A T G E
C A C T U S C L U T B Z Z P C R
A Z A V Ç W V A M V N N U U G G
R M T T V E A N F O A R R E L M
B M E K J H S U Z M L A T È P A
R Ç G H E Z U Z O K T S U B R A
E J E L L Z U H Ç H R H A A G Ç
Y I V Z D L H V K D H E O I F B
M O N G E T A B O S C U N A L C
P T Y K S L M O R L F R N G O L
T Y W C S M N Y Q M Z A C J R K
```

BAMBÚ
MONGETA
BAIA
BOTÀNICA
ARBUST
CACTUS
ADOB
FLORA
FLOR
FULLATGE

BOSC
JARDÍ
HERBA
HEURA
MOLSA
PÈTAL
ARREL
TIJA
ARBRE
VEGETACIÓ

88 - Boxing

```
X  D  Z  H  V  X  O  M  E  Y  C  C  W  W  L  Z
V  N  W  J  T  V  I  N  J  R  O  A  M  O  L  C
C  O  L  Z  E  B  Z  P  N  O  R  N  M  D  U  Z
G  U  A  N  T  S  R  R  D  Q  D  T  I  K  I  R
Ç  I  P  R  A  N  F  À  I  L  E  O  S  Ç  T  J
K  I  U  H  T  A  E  A  P  C  S  N  I  P  A  Ç
N  I  N  M  I  C  T  N  S  I  U  A  W  C  D  E
Q  R  T  W  L  Q  A  Ç  O  V  D  D  R  V  O  F
B  V  A  V  I  Ç  T  M  C  P  T  A  C  D  R  Q
E  G  D  N  B  I  O  U  P  M  O  P  U  N  T  S
R  P  A  O  A  Q  G  P  R  A  Ç  R  O  F  V  U
T  U  Z  H  H  V  S  Y  I  G  N  S  G  I  S  C
I  N  B  A  R  B  E  T  A  Z  Y  A  F  U  X  O
B  Y  L  E  S  I  O  N  S  P  J  Y  K  D  O  F
R  E  C  U  P  E  R  A  C  I  Ó  P  L  S  R  X
À  K  D  D  Q  V  O  P  A  J  G  O  O  A  Z  M
```

CAMPANA	LESIONS
COS	PUNTADA
BARBETA	OPONENT
CANTONADA	PUNTS
COLZE	RÀPID
ESGOTAT	RECUPERACIÓ
LLUITADOR	ÀRBITRE
PUNY	CORDES
FOCUS	HABILITAT
GUANTS	FORÇA

89 - Countries #2

```
S  P  N  M  O  B  D  P  F  Q  L  Y  Y  V  S  L
O  R  C  W  È  G  R  È  C  I  A  L  F  T  H  I
M  Ó  P  A  J  X  L  D  J  H  P  W  O  L  H  B
À  S  A  N  F  J  I  C  E  I  E  H  H  X  K  È
L  Í  K  Y  I  J  C  C  S  J  N  A  B  Í  L  R
I  R  I  Y  S  G  J  A  M  A  I  C  A  U  D  I
A  I  S  O  A  L  È  F  J  N  C  M  I  C  F  A
B  A  T  H  T  B  M  R  D  U  S  O  S  R  Y  C
T  R  A  W  A  I  P  Ò  I  T  E  N  S  A  H  R
J  A  N  O  J  I  R  A  D  A  P  C  Ú  Ï  S  A
W  U  A  T  P  U  T  P  C  P  Q  O  R  N  F  M
D  N  D  Ç  Ç  G  M  Í  K  J  G  D  K  A  A  A
J  Ç  U  O  C  A  U  K  A  L  B  À  N  I  A  N
U  Ç  S  V  V  N  P  C  A  M  Y  D  V  E  H  I
Z  D  R  L  M  D  N  E  Y  E  B  L  N  D  I  D
S  S  C  J  V  A  L  T  L  I  S  D  R  M  Ç  S
```

ALBÀNIA	MÈXIC
DINAMARCA	NEPAL
ETIÒPIA	NIGÈRIA
GRÈCIA	PAKISTAN
HAITÍ	RÚSSIA
JAMAICA	SOMÀLIA
JAPÓ	SUDAN
LAOS	SÍRIA
LÍBAN	UGANDA
LIBÈRIA	UCRAÏNA

90 - Ecology

```
Q Ç I P W W S X A M N Í Ç U Ç M
C H D Z G W E A T C A R O L F V
A Y N R H S Q Z R U T A N A A S
I S Ó F L T U O E E U M B B G E
C L I M A A E T C K R H G O O I
N D C M R T R B U F A Q N L D C
È I A T U I A Y R Q L V Ç G E È
V V T P T N I D S S E T N A L P
I E E A A U T F O L S M W D B S
V R G N N M A A S V A H G Y I E
R S E T D O T N N F A U N A N M
E I V À S C I L L Y I J M C E V
P T Q L U V B B T M E F H B T Z
U A F G V H À Z N E L S F A S A
S T Ç H B O H Z T D F N K D O W
V O L U N T A R I S H P F C S L
```

CLIMA
COMUNITATS
DIVERSITAT
SEQUERA
FAUNA
FLORA
GLOBAL
HÀBITAT
MARÍ
PANTÀ

MUNTANYES
NATURAL
NATURALESA
PLANTES
RECURSOS
ESPÈCIE
SUPERVIVÈNCIA
SOSTENIBLE
VEGETACIÓ
VOLUNTARIS

91 - Adjectives #2

```
Q P R O D U C T I U I T A E R C
E R R T L N U J Q N V T I N M O
W J G X X Y A P H X P U I O C L
B K K C O U I T P I R C S E D D
T A L A S M F E U T Q P S L S O
N D Y O L J F N T R Z L A B A T
A G K L J P Z D I J A X L A L A
S Ó L L U G R O Z F D L U S V T
S Ó M A F K U R F U C V D N A M
E L E G A N T M P D A R A O T P
R S J B C W Ç I E V L L B P G Ç
E N C U J K R S X V E S L S E Ç
T C P A Ç X M C U O N Q E E Q R
N J F O R T H A E P T I T R L W
I T M Y L M J T E S I E Z W M F
F A M O L E N C I T N È T U A F
```

AUTÈNTIC   INTERESSANT
CREATIU   NATURAL
DESCRIPTIU   NOU
SEC   PRODUCTIU
ELEGANT   ORGULLÓS
FAMÓS   RESPONSABLE
DOTAT   SALAT
SALUDABLE   ENDORMISCAT
CALENT   FORT
FAMOLENC   SALVATGE

92 - Psychology

```
S U B C O N S C I E N T Z P G F
Z M B T A T I L A N O S R E P R
C O N F L I C T E V U G O R L H
C I D E E S T E R À P I A C F C
S L B J G P I D B Q Y V O E C T
G H Í V D C I T A W K Z C P O H
U P R N V K Ó I C I N G O C M G
G T P Q I T A T I L A E R I P S
U J B W S C U X T N S Z G Ó O O
K K A Y Ó I C A S N E S G O R M
P E N S A M E N T S T H Z V T N
P R O B L E M A K L N Y Y A A I
D F G Y T M N I U Ç A R H J M S
H A V A L U A C I Ó F Z U Z E G
E M O C I O N S H D N V Y Q N M
T N E I C S N O C N I L Z T T S
```

CITA	IDEES
AVALUACIÓ	PERCEPCIÓ
COMPORTAMENT	PERSONALITAT
INFANTESA	PROBLEMA
CLÍNIC	REALITAT
COGNICIÓ	SENSACIÓ
CONFLICTE	SUBCONSCIENT
SOMNIS	TERÀPIA
EGO	PENSAMENTS
EMOCIONS	INCONSCIENT

93 - Math

```
Ç U Y L I D V L F O M B P A A K
A B X U K W Ó I C A U Q E R F L
N R B A K X O B Y E L G R I R N
A I R T E M I S T P O V Í T A E
N E F J C D Y O L O V M M M C R
G P X K J S A R A M U S E È C E
L T A P E R T E M À I D T T I C
E A R R O Q Ç M I K Q A R I Ó T
S R P I A N K Ú C Y Y P E C P A
Z D O J A L E N E B A U D A S N
P A L V Y N · N D I V I S I Ó G
X U Í Z T K G L T M Z E D X M L
R Q G J L J X L E F Q K J G G E
A V O E K I Z W E L D O V W Q X
D E N G E O M E T R I A L G K J
I A D I D G M C U R A F N Y Ç Z
```

ANGLES

ARITMÈTICA

DECIMAL

DIÀMETRE

DIVISIÓ

EQUACIÓ

EXPONENT

FRACCIÓ

GEOMETRIA

NÚMEROS

PARAL·LEL

PERÍMETRE

POLÍGON

RADI

RECTANGLE

QUADRAT

SUMA

SIMETRIA

TRIANGLE

VOLUM

94 - Activities

```
M V J I N T E R E S S O S H Z E
Y À S E N D E R I S M E I A M Z
B Y G N I P M À C Y Y C N B Y H
Q C Ó I C A X A L E R G Ç I I O
A Q V W A I N A S E T R A L Z Ç
J O C S K Y U B A W U W Q I K F
Z N C K A O M Ç C R O D Y T L Ç
P I J O L C M K I N J K J A V B
K G G T L Z C M M A O M O T B O
C J O R L N C C À S T M H M R A
N A Z O A I F A R G O T O F Y R
C W Ç J B C A R E A L P B R F U
O X C A N L S A C T I V I T A T
S J A R D I N E R I A A B R S C
I M J E A C L X P E W B Z A I E
R T P T I Y O C I H W L N C C L
```

ACTIVITAT
ART
CÀMPING
CERÀMICA
ARTESANIA
BALL
PESCAR
JOCS
JARDINERIA
SENDERISME

CAÇA
INTERESSOS
OCI
MÀGIA
FOTOGRAFIA
PLAER
LECTURA
RELAXACIÓ
COSIR
HABILITAT

95 - Business

```
E  Ç  E  S  W  E  Ó  I  S  R  E  V  N  I  F  P
M  W  M  W  Y  T  V  N  V  K  C  X  H  U  G  R
P  G  P  H  J  P  J  G  X  E  B  M  Y  A  G  E
R  S  L  S  M  M  C  R  O  F  I  C  I  N  A  S
E  Q  E  M  C  O  B  E  N  A  G  I  T  O  B  S
S  E  A  I  X  C  L  S  E  C  N  A  N  I  F  U
A  F  T  J  R  S  S  S  B  I  Q  D  P  D  D  P
R  U  S  A  D  E  N  O  M  R  F  N  H  Z  G  O
I  C  O  S  E  D  D  S  J  B  H  E  F  W  E  S
I  M  C  E  M  C  I  A  C  À  U  V  X  J  R  T
X  I  E  R  F  W  O  N  C  F  M  J  R  D  E  H
T  A  T  P  P  O  P  N  E  R  O  G  G  O  N  O
E  W  P  M  E  N  L  I  O  R  E  V  L  S  T  A
Z  Y  F  E  Ç  Z  Z  D  L  M  S  M  M  B  P  P
C  A  R  R  E  R  A  B  H  X  I  U  O  K  Ç  U
I  M  P  O  S  T  O  S  S  I  W  A  E  I  T  R
```

PRESSUPOST	FINANCES
CARRERA	INGRESSOS
EMPRESA	INVERSIÓ
COST	GERENT
MONEDA	MERCADERIES
DESCOMPTE	DINERS
ECONOMIA	OFICINA
EMPLEAT	VENDA
EMPRESARI	BOTIGA
FÀBRICA	IMPOSTOS

96 - The Company

```
M  V  D  E  C  I  S  I  Ó  Y  M  P  H  O  N  Z
P  R  O  G  R  É  S  F  N  R  T  C  T  Y  E  F
T  E  N  D  È  N  C  I  E  S  B  L  A  A  G  R
W  J  X  P  R  E  S  E  N  T  A  C  I  Ó  O  V
B  Q  N  U  E  G  O  Z  R  I  S  C  O  S  C  A
Z  N  Ç  L  W  S  L  D  Ç  N  D  C  F  S  I  D
P  Z  H  Q  L  A  N  O  I  S  S  E  F  O  R  P
Ó  I  C  A  P  U  C  O  B  U  N  I  T  A  T  S
I  N  Y  J  R  F  P  Ç  T  A  T  I  L  A  U  Q
S  G  M  C  F  C  U  G  V  R  L  X  J  T  V  H
R  R  P  O  S  S  I  B  I  L  I  T  A  T  N  N
E  E  B  C  S  R  T  R  E  C  U  R  S  O  S  T
V  S  E  L  Y  F  A  I  N  N  O  V  A  D  O  R
N  S  Z  J  R  Z  E  T  C  U  D  O  R  P  J  X
I  O  E  D  A  I  R  T  S  Ú  D  N  I  T  C  A
N  S  K  Ç  J  G  C  R  E  P  U  T  A  C  I  Ó
```

NEGOCI
CREATIU
DECISIÓ
OCUPACIÓ
GLOBAL
INDÚSTRIA
INNOVADOR
INVERSIÓ
POSSIBILITAT
PRESENTACIÓ

PRODUCTE
PROFESSIONAL
PROGRÉS
QUALITAT
REPUTACIÓ
RECURSOS
INGRESSOS
RISCOS
TENDÈNCIES
UNITATS

97 - Literature

```
T  R  A  G  È  D  I  A  A  L  ·  L  E  V  O  N
U  R  S  B  S  L  Y  W  N  V  W  H  D  H  Z  B
D  F  B  J  Ç  I  P  E  A  A  M  E  O  P  E  I
G  E  F  I  C  C  I  Ó  L  N  M  A  A  B  X  O
A  K  S  S  A  U  R  E  O  È  X  U  M  Ó  Z  G
D  U  Ç  C  F  I  E  T  G  C  E  S  T  I  L  R
I  M  T  N  R  A  A  E  I  D  C  M  N  S  R  A
À  P  Q  O  F  I  O  M  A  O  O  E  I  U  O  F
L  D  O  R  R  C  P  A  V  T  M  T  R  L  D  I
E  T  M  B  W  Q  A  C  K  A  P  À  O  C  A  A
G  V  P  S  N  V  N  I  I  Z  A  F  Q  N  R  F
J  Q  C  T  E  N  À  K  F  Ó  R  O  X  O  R  K
R  G  R  V  A  N  L  L  E  Q  A  R  S  C  A  N
I  R  I  T  M  E  I  J  P  U  C  A  H  F  N  Z
P  O  È  T  I  C  S  K  D  D  I  X  G  H  A  D
W  T  A  Q  N  U  I  G  Z  O  Ó  P  F  T  S  W
```

ANALOGIA	METÀFORA
ANÀLISI	NARRADOR
ANÈCDOTA	NOVEL·LA
AUTOR	POEMA
BIOGRAFIA	POÈTIC
COMPARACIÓ	RIMA
CONCLUSIÓ	RITME
DESCRIPCIÓ	ESTIL
DIÀLEG	TEMA
FICCIÓ	TRAGÈDIA

98 - Geography

```
I  D  X  V  O  K  P  F  U  O  Q  B  U  E  W  B
R  K  H  U  V  W  J  G  R  M  J  V  C  K  C  I
R  L  U  W  K  L  V  X  C  Q  C  V  Ç  H  D  L
E  Z  Y  E  Z  K  G  V  M  A  P  A  T  R  À  F
O  R  R  C  U  F  J  Ç  A  L  L  I  C  P  I  Ç
E  W  J  D  U  T  I  T  A  L  Y  F  I  Ç  D  R
S  M  U  N  T  A  N  Y  A  À  T  A  T  U  I  C
T  N  I  R  O  T  I  R  R  E  T  I  Y  E  R  H
X  O  R  O  O  P  A  Í  S  C  A  Q  T  M  E  E
A  R  X  N  B  V  O  Y  O  O  U  M  Q  U  M  M
N  D  W  T  N  Ç  W  F  R  Z  R  E  A  G  D  I
A  T  L  E  S  W  O  U  N  K  P  E  U  R  U  S
X  M  Q  R  N  L  U  H  R  D  C  T  G  T  S  F
W  M  W  Z  X  G  Ç  U  U  Q  M  V  S  I  N  E
Z  C  I  J  M  C  O  N  T  I  N  E  N  T  Ó  R
P  G  M  Z  J  W  Y  U  O  J  Q  D  V  G  M  I
```

ALTITUD   MUNTANYA
ATLES   NORD
CIUTAT   OCEÀ
CONTINENT   REGIÓ
PAÍS   RIU
HEMISFERI   MAR
ILLA   SUD
LATITUD   TERRITORI
MAPA   OEST
MERIDIÀ   MÓN

99 - Jazz

```
C F C H F Z E V T M À F A M Ó S
T O A D G P J G È Ú L I T S E I
N A M V D W G M C S B L H A A M
E R M P O V Ç Q N I U O N U P P
L T W B O R N Ç I C M I U U L R
A S J C O S I F C A M K G Q A O
T E M T I R I T A B A Q A H U V
D U C Y T K S C S K A U P V D I
A Q Ç R E E E Z I S A F M È I S
B R A R T I S T A Ó M M V B M A
Y O C O M P O S I T O R E F E C
C O N C E R T M C F I X L X N I
L F L C W E A F A Q Y E L U T Ó
I W B R A T Q O N K B D J O S H
R U G U G H P E Ç M L X K Ç A E
D O K I L T B B Ó R V X G I U C
```

ÀLBUM

APLAUDIMENTS

ARTISTA

COMPOSITOR

COMPOSICIÓ

CONCERT

TAMBORS

ÈMFASI

FAMÓS

FAVORITS

IMPROVISACIÓ

MÚSICA

NOU

VELL

ORQUESTRA

RITME

CANÇÓ

ESTIL

TALENT

TÈCNICA

100 - Nature

```
N P Q Ç T S Q H H R Q F V D O C
L A T I V A A F B E Z E D I Z U
Z C Z Y G L B C P M C N Ç N Y A
X Í N Ç I V B E L L E S A À W W
Ó F T N S A E B F K X L X M E X
U I R Q Y T W O K F V O L I E F
I C S D U G Y Y D V W V T C V X
F E E O È E R D Q E S Ú S L B O
J G L R R O Z E À I S N B F Y B
B T L U E E L B Ç R D E A P B O
K A E X S U B J D A T K R O O S
L L B Ç K S N M I U L I E T I C
N L A C I P O R T T U K C H R R
M U N T A N Y E S N O U A E A S
V F A N I M A L S A P J L E X P
I F R H U U C Y K S O Q G C P R
```

ANIMALS	BOSC
ÀRTIC	GLACERA
BELLESA	MUNTANYES
ABELLES	PACÍFIC
NÚVOLS	RIU
DESERT	SANTUARI
DINÀMIC	SERÈ
EROSIÓ	TROPICAL
BOIRA	VITAL
FULLATGE	SALVATGE

1 - Antiques

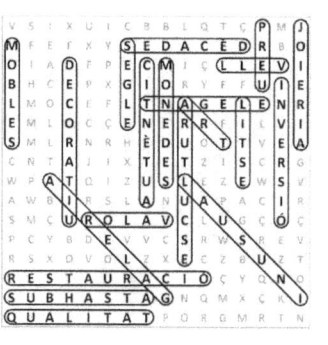

2 - Food #1

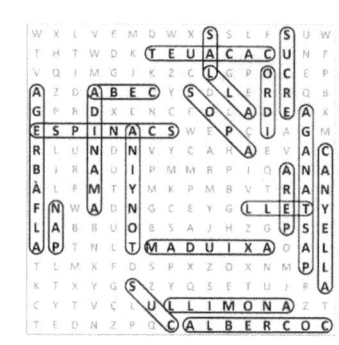

3 - Measurements

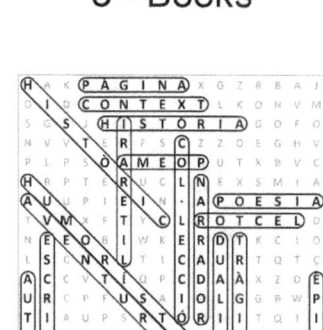

4 - Farm #2

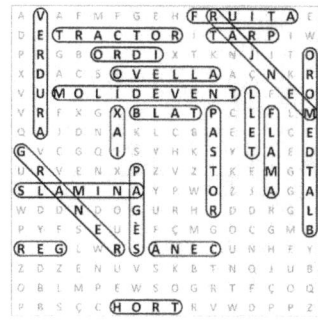

5 - Books

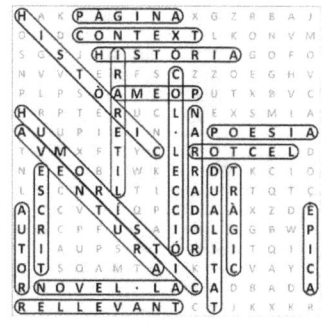

6 - Meditation

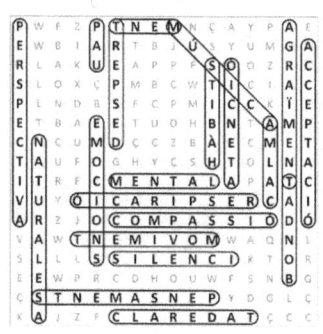

7 - Days and Months

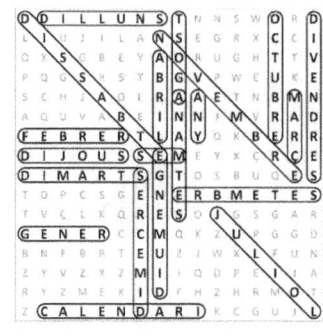

8 - Energy

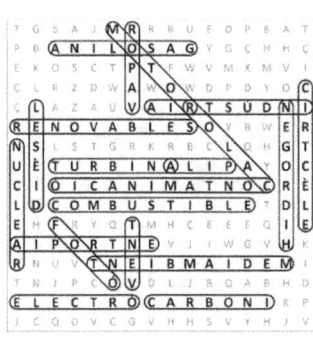

9 - Archeology

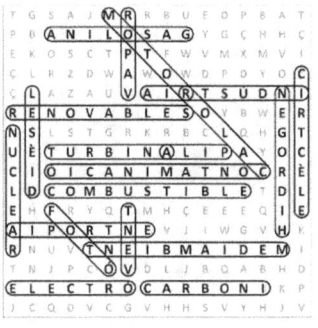

10 - Food #2

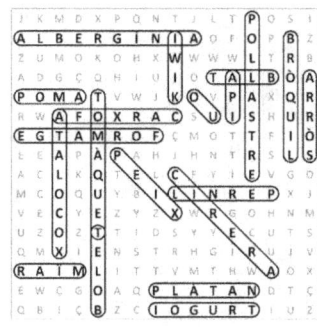

11 - Chemistry

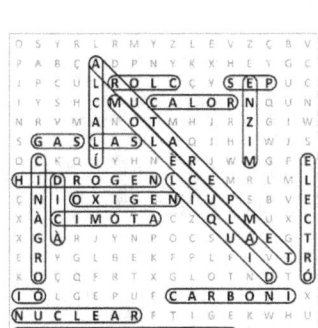

12 - Music

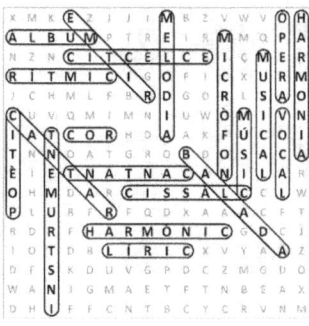

13 - Family

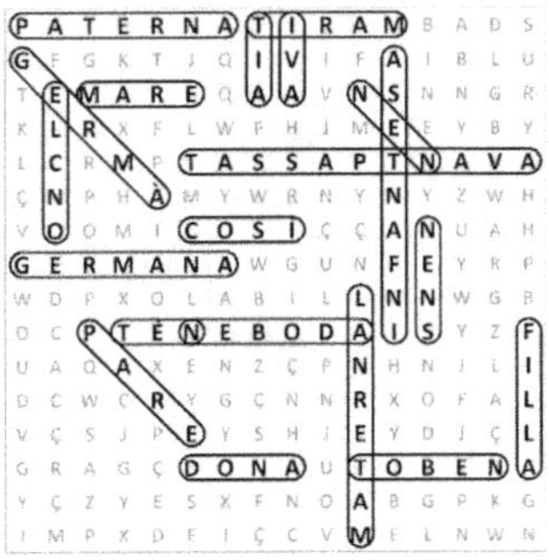

14 - Farm #1

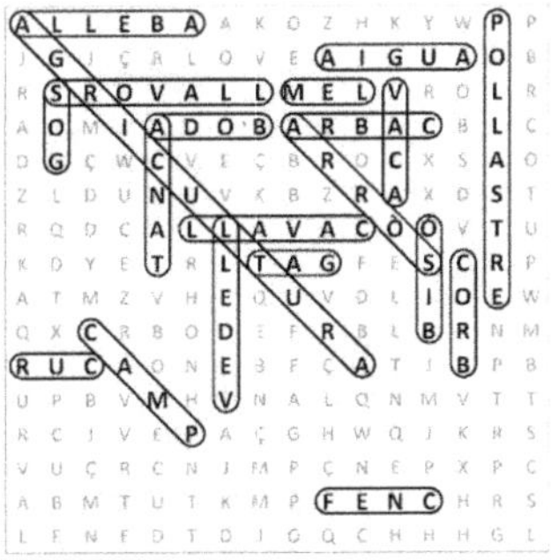

15 - Camping

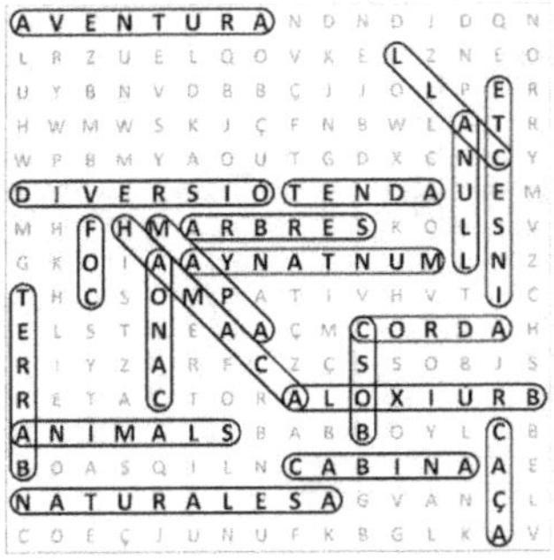

16 - Algebra

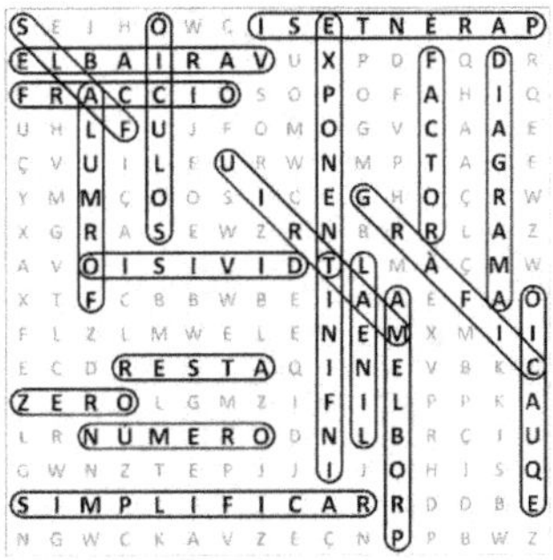

17 - Numbers

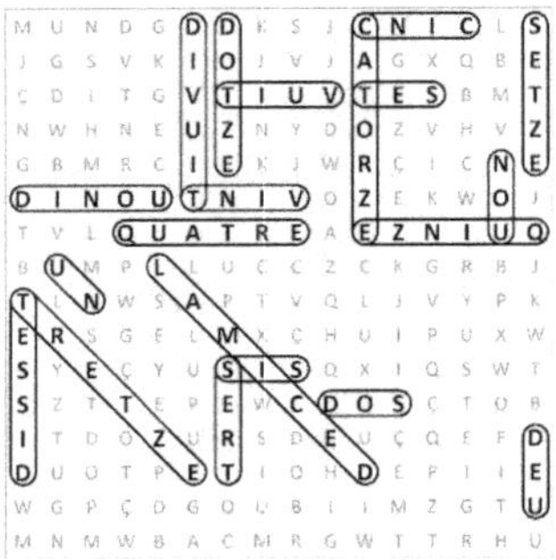

18 - Spices

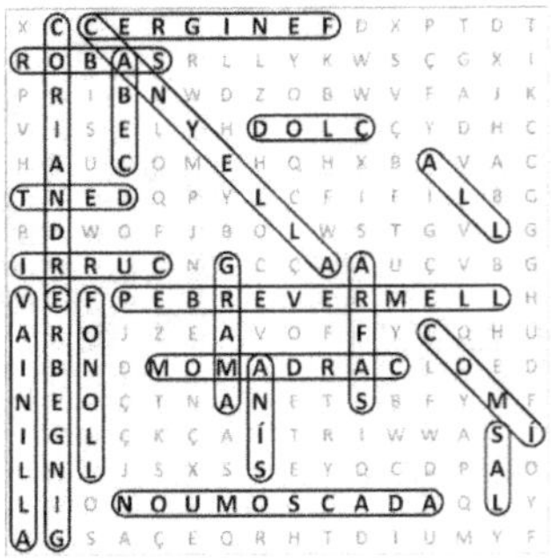

19 - Mammals

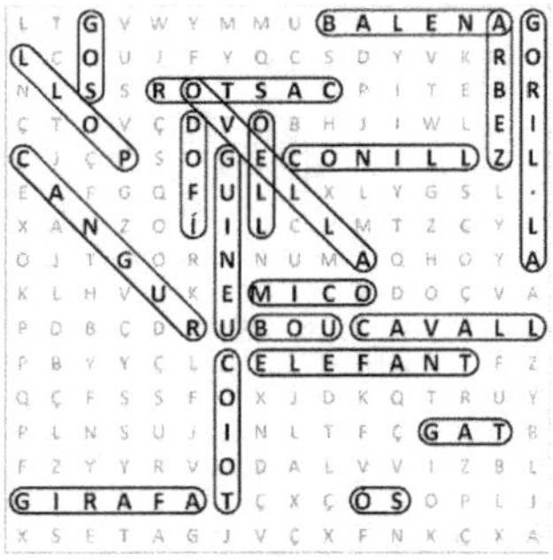

20 - Fishing

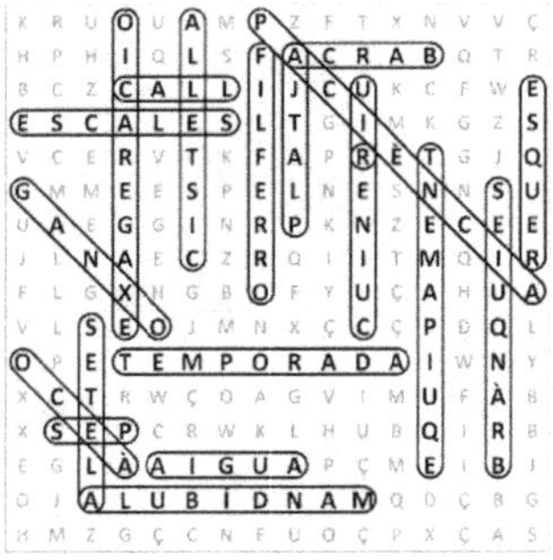

21 - Bees

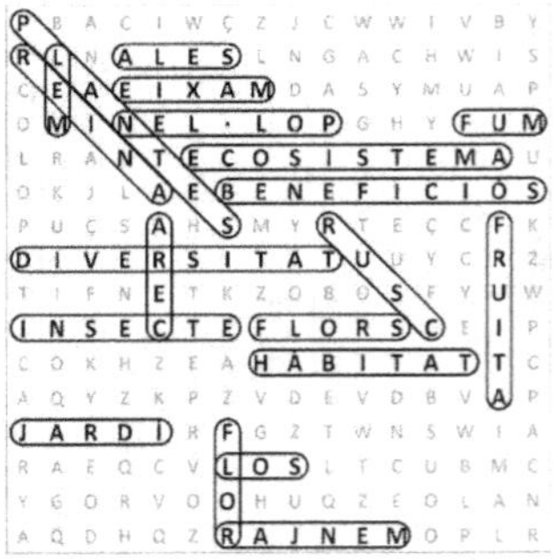

22 - Adventure

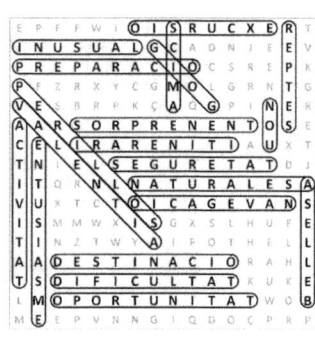

23 - Sport

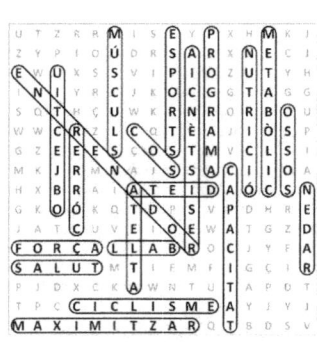

24 - Restaurant #2

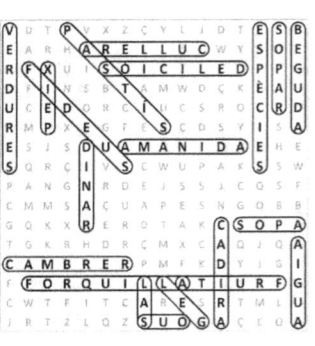

25 - Geology

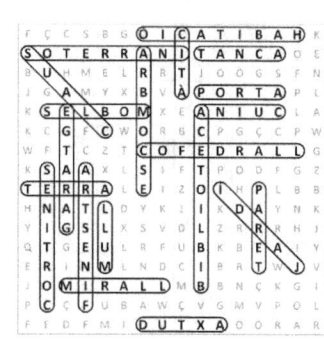

26 - House

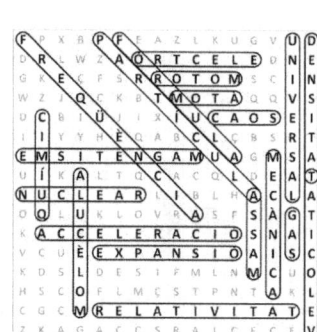

27 - Physics

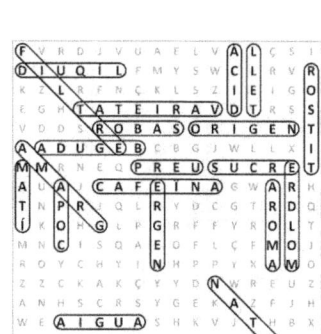

28 - Dance

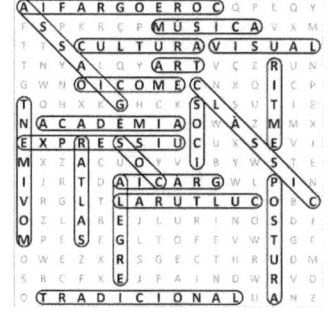

29 - Coffee

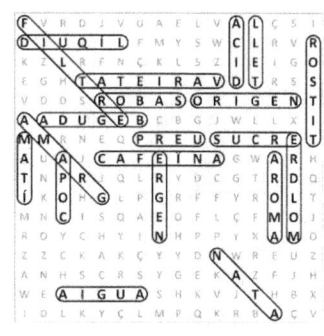

30 - Shapes

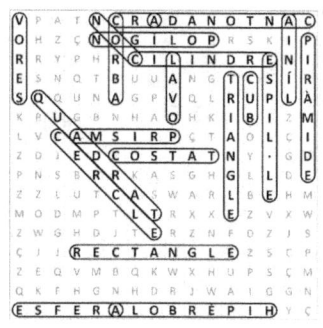

31 - Scientific Disciplines

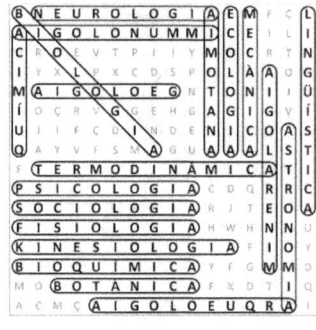

32 - Science

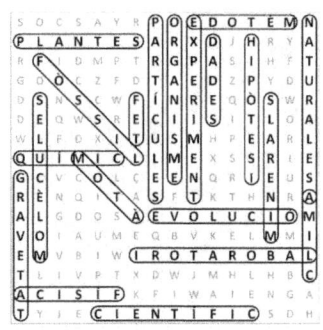

33 - Beauty

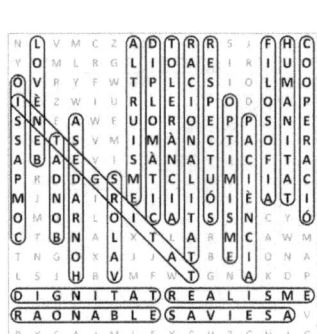

34 - Clothes

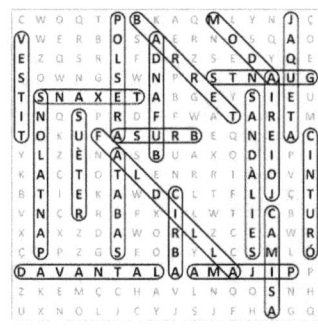

35 - Ethics

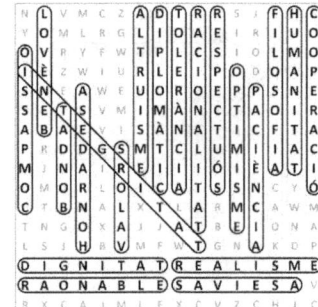

36 - Astronomy

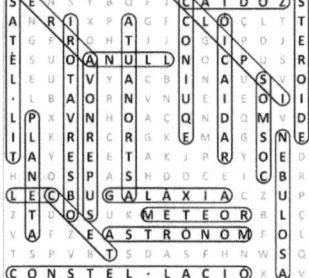

37 - Health and Wellness #2

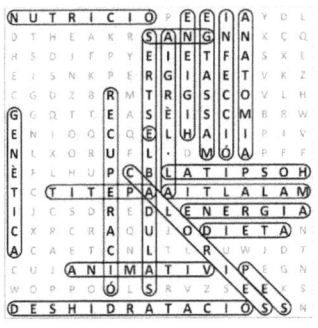

38 - Disease

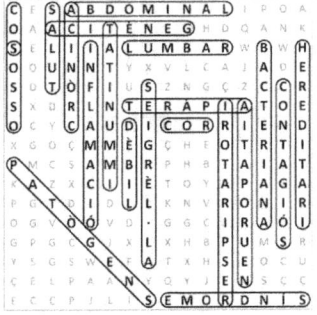

39 - Time

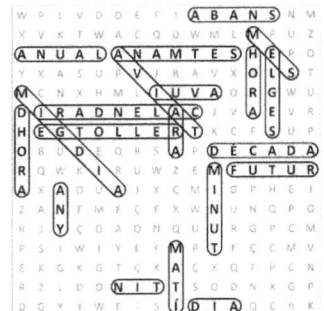

40 - Buildings

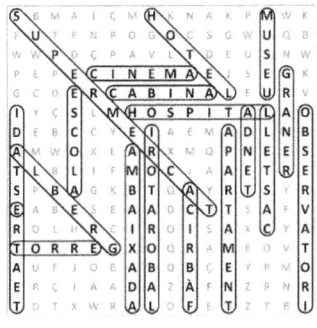

41 - Philanthropy

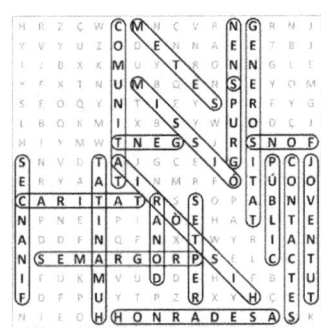

42 - Gardening

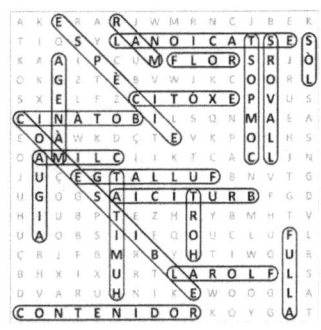

43 - Herbalism

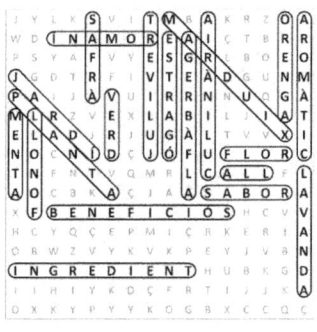

44 - Flowers

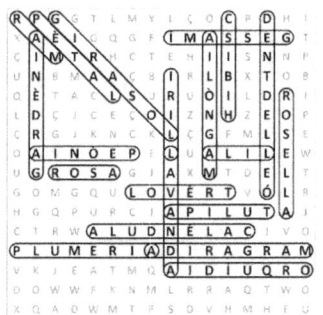

45 - Health and Wellness #1

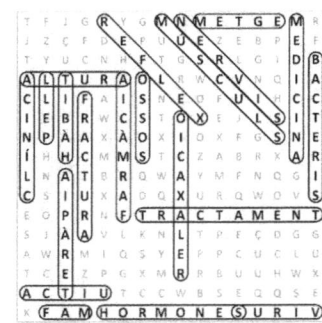

46 - Town

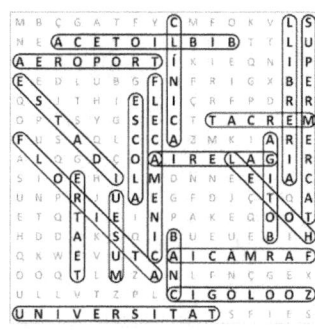

47 - Antarctica

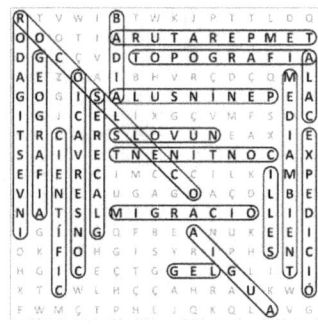

48 - Ballet

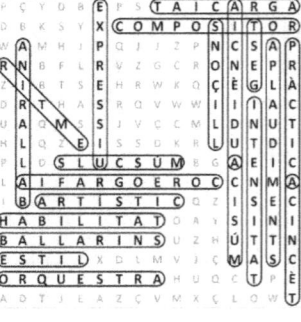

49 - Fashion

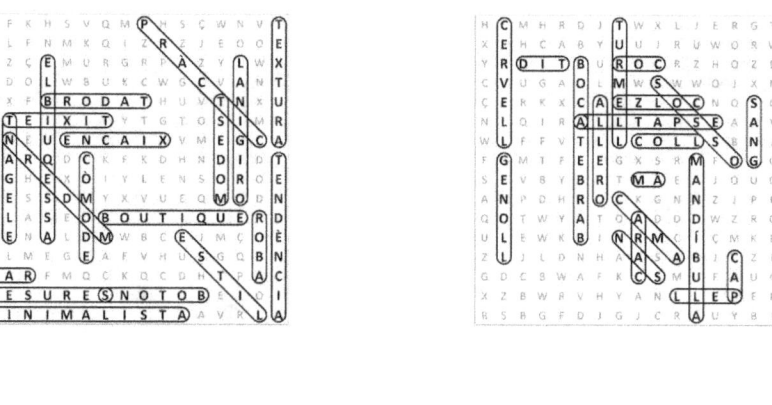

50 - Human Body

51 - Musical Instruments

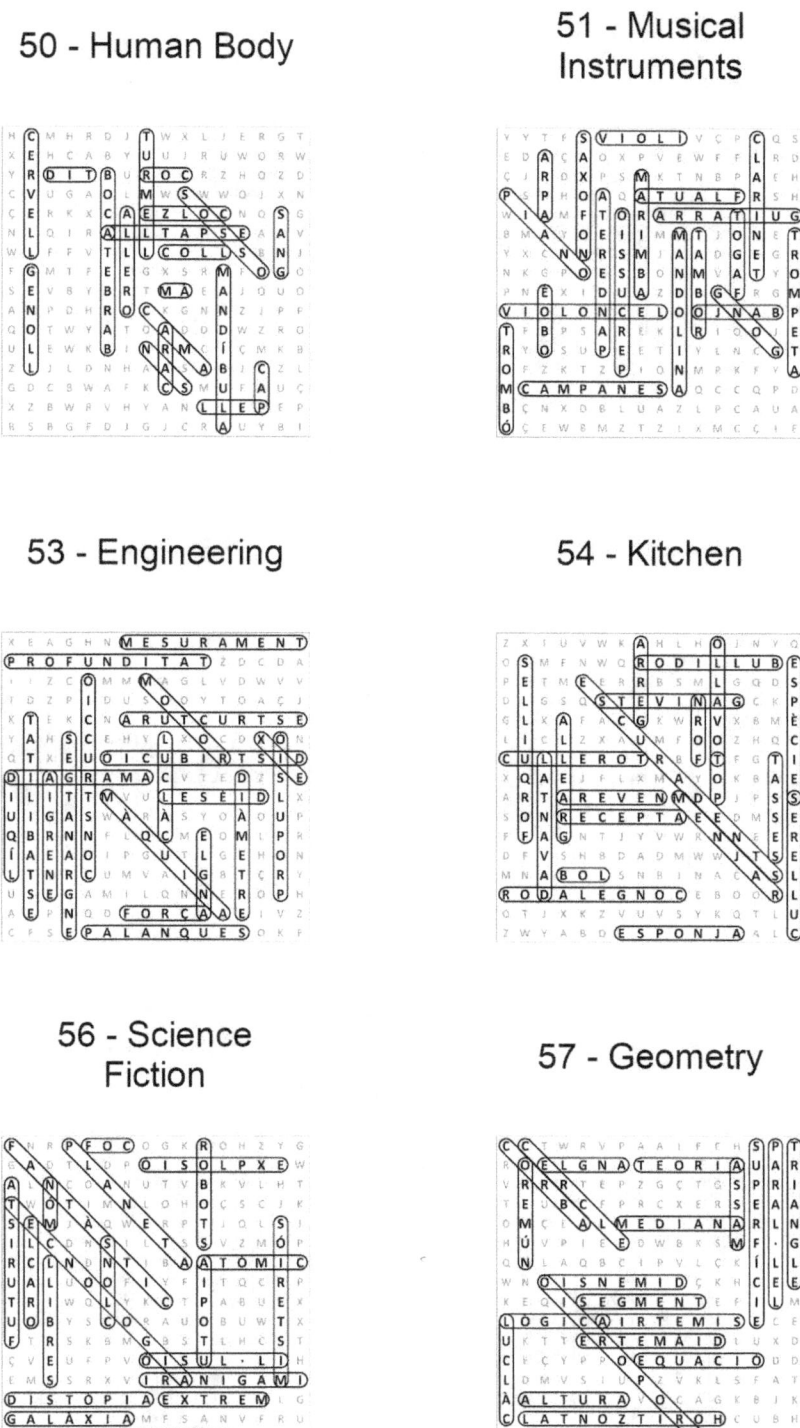

52 - Fruit

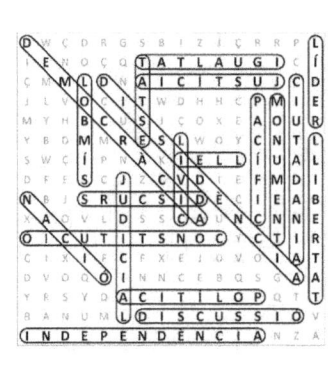

53 - Engineering

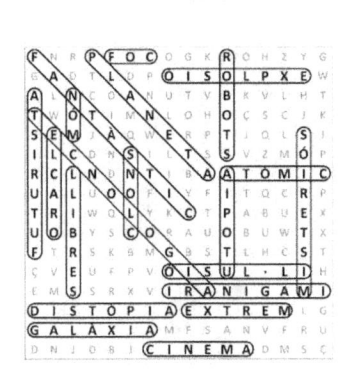

54 - Kitchen

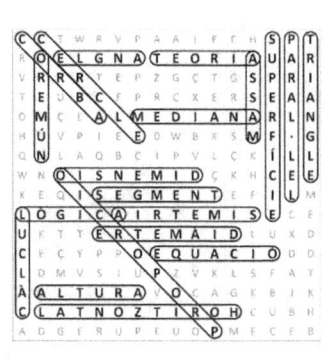

55 - Government

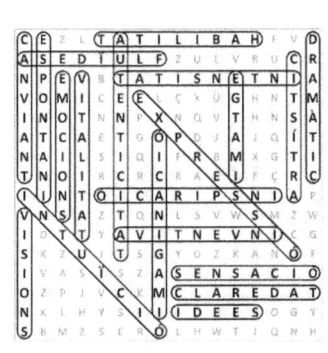

56 - Science Fiction

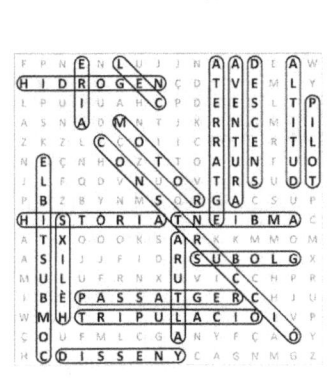

57 - Geometry

58 - Creativity

59 - Airplanes

60 - Ocean

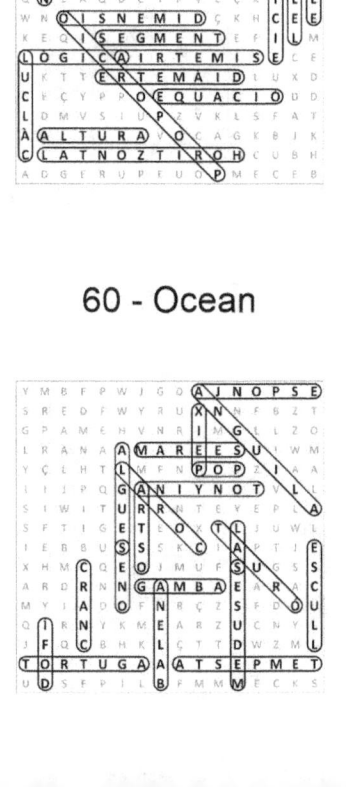

61 - Force and Gravity

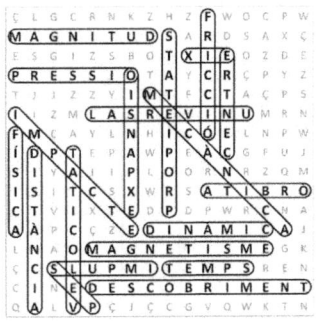

62 - Birds

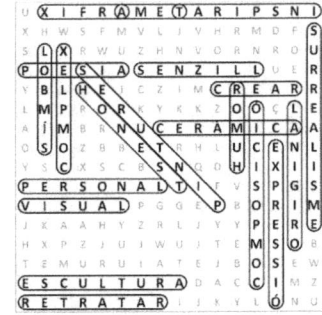

63 - Art

64 - Nutrition

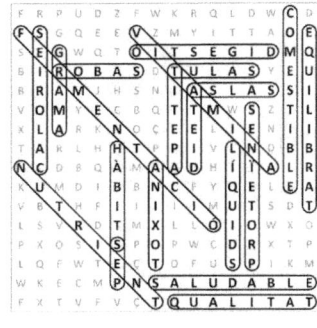

65 - Hiking

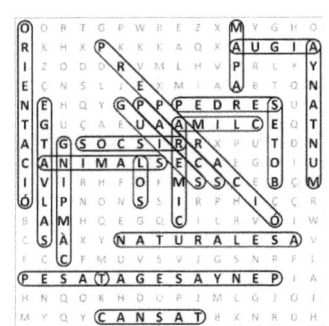

66 - Professions #1

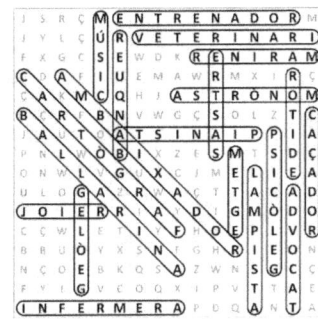

67 - Barbecues

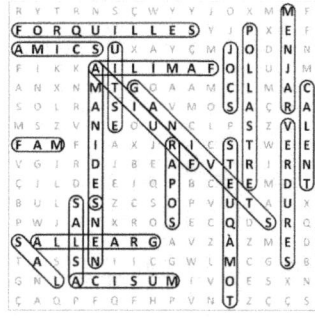

68 - Chocolate

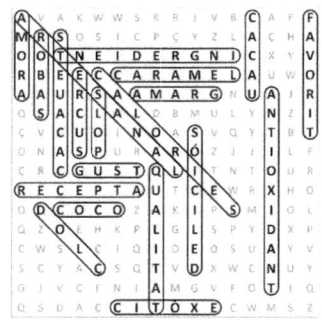

69 - The Media

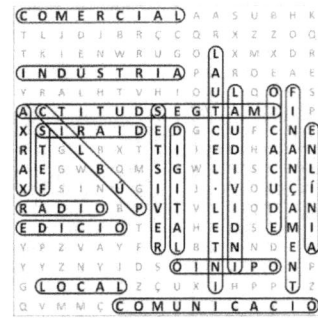

70 - Boats

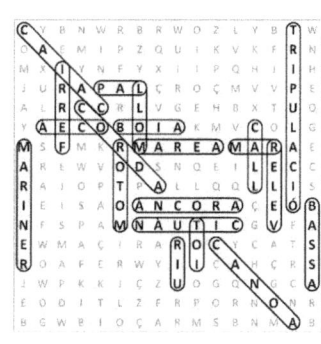

71 - Activities and Leisure

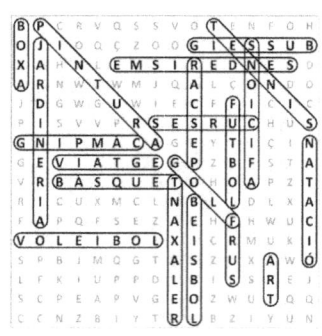

72 - Driving

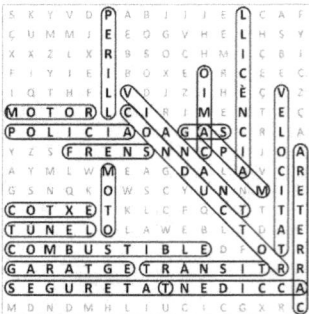

73 - Biology

74 - Professions #2

75 - Emotions

76 - Mythology

77 - Agronomy

78 - Hair Types

79 - Furniture

80 - Garden

81 - Diplomacy

82 - Countries #1

83 - Adjectives #1

84 - Rainforest

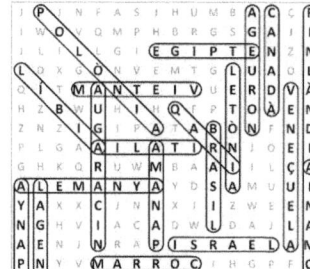

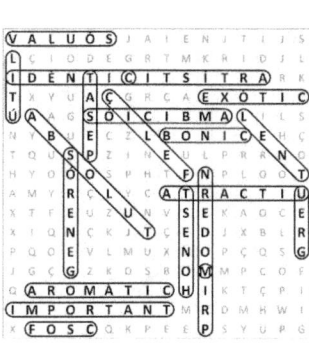

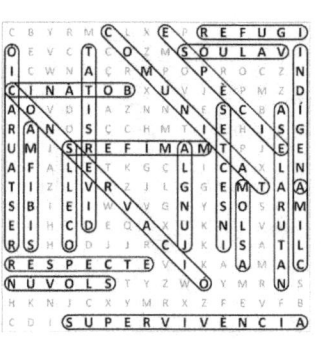

85 - Global Warming

86 - Landscapes

87 - Plants

88 - Boxing

89 - Countries #2

90 - Ecology

91 - Adjectives #2

92 - Psychology

93 - Math

94 - Activities

95 - Business

96 - The Company

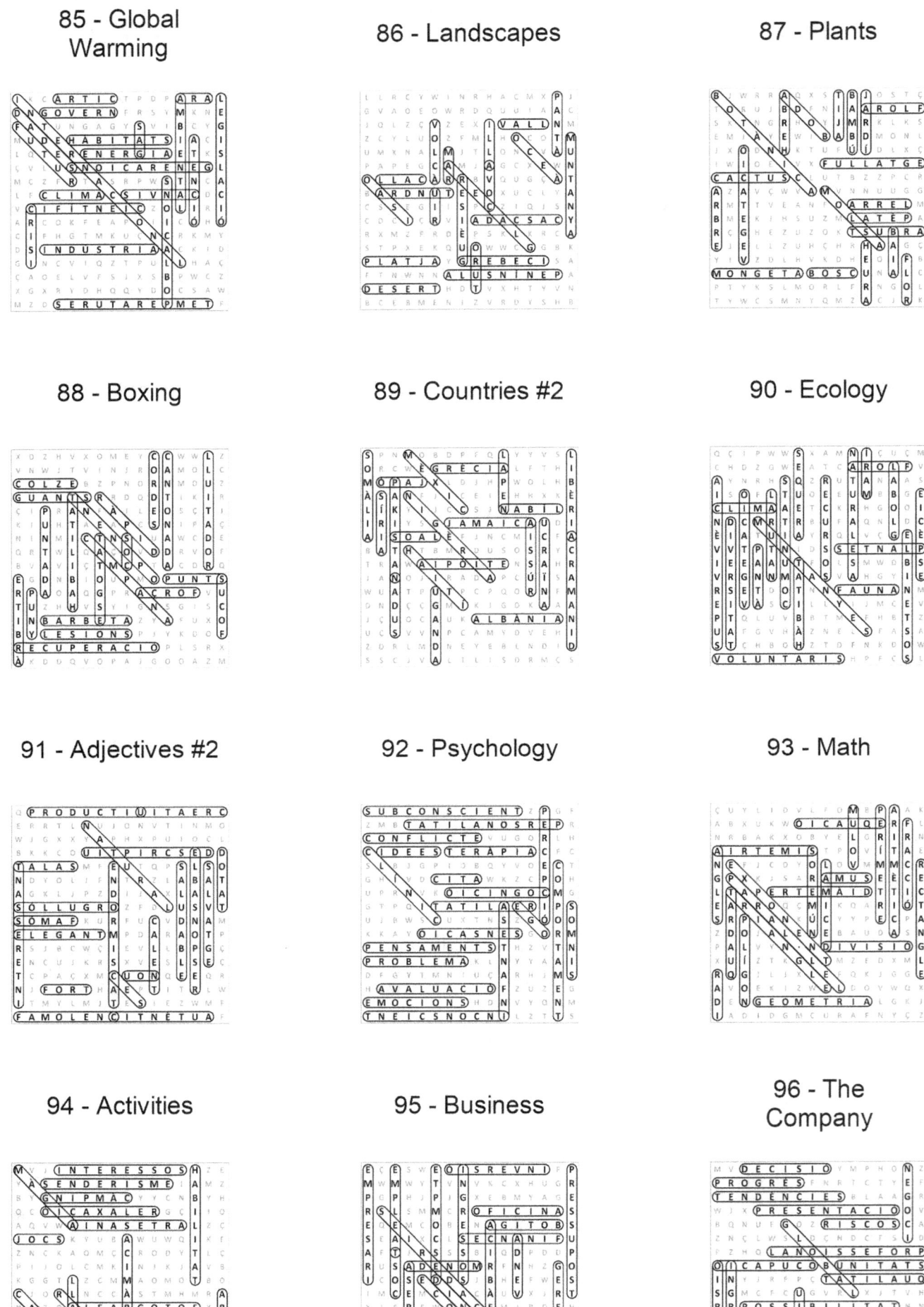

97 - Literature

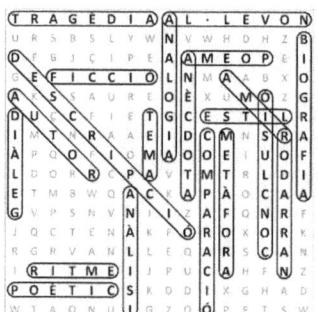

98 - Geography

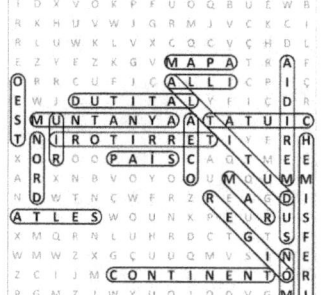

99 - Jazz

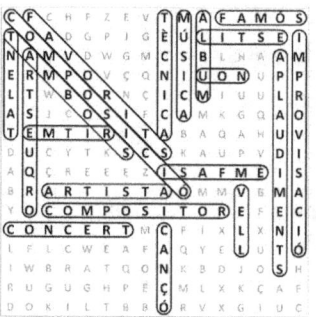

100 - Nature

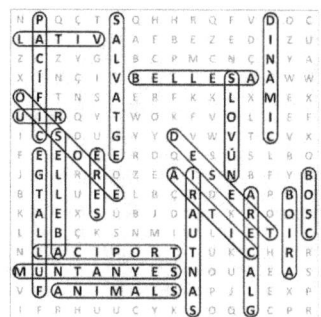

Dictionary

Activities
Activitats

Activity	Activitat
Art	Art
Camping	Càmping
Ceramics	Ceràmica
Crafts	Artesania
Dancing	Ball
Fishing	Pescar
Games	Jocs
Gardening	Jardineria
Hiking	Senderisme
Hunting	Caça
Interests	Interessos
Leisure	Oci
Magic	Màgia
Photography	Fotografia
Pleasure	Plaer
Reading	Lectura
Relaxation	Relaxació
Sewing	Cosir
Skill	Habilitat

Activities and Leisure
Activitats i Lleure

Art	Art
Baseball	Beisbol
Basketball	Bàsquet
Boxing	Boxa
Camping	Càmping
Diving	Busseig
Fishing	Pescar
Gardening	Jardineria
Golf	Golf
Hiking	Senderisme
Hobbies	Aficions
Painting	Pintura
Racing	Curses
Relaxing	Relaxant
Soccer	Futbol
Surfing	Surf
Swimming	Natació
Tennis	Tennis
Travel	Viatge
Volleyball	Voleibol

Adjectives #1
Adjectius #1

Absolute	Absolut
Ambitious	Ambiciós
Aromatic	Aromàtic
Artistic	Artístic
Attractive	Atractiu
Beautiful	Bonic
Dark	Fosc
Exotic	Exòtic
Generous	Generós
Happy	Feliç
Heavy	Pesat
Helpful	Útil
Honest	Honest
Identical	Idèntic
Important	Important
Modern	Modern
Serious	Greu
Slow	Lent
Thin	Prim
Valuable	Valuós

Adjectives #2
Adjectius #2

Authentic	Autèntic
Creative	Creatiu
Descriptive	Descriptiu
Dry	Sec
Elegant	Elegant
Famous	Famós
Gifted	Dotat
Healthy	Saludable
Hot	Calent
Hungry	Famolenc
Interesting	Interessant
Natural	Natural
New	Nou
Productive	Productiu
Proud	Orgullós
Responsible	Responsable
Salty	Salat
Sleepy	Endormiscat
Strong	Fort
Wild	Salvatge

Adventure
Aventura

Activity	Activitat
Beauty	Bellesa
Bravery	Valentia
Challenges	Reptes
Chance	Oportunitat
Dangerous	Perillós
Destination	Destinació
Difficulty	Dificultat
Enthusiasm	Entusiasme
Excursion	Excursió
Friends	Amics
Itinerary	Itinerari
Joy	Goig
Nature	Naturalesa
Navigation	Navegació
New	Nou
Preparation	Preparació
Safety	Seguretat
Surprising	Sorprenent
Unusual	Inusual

Agronomy
Agronomia

Agriculture	Agricultura
Diseases	Malalties
Ecology	Ecologia
Energy	Energia
Environment	Medi Ambient
Erosion	Erosió
Fertilizer	Adob
Food	Menjar
Growth	Creixement
Organic	Orgànic
Plants	Plantes
Pollution	Contaminació
Production	Producció
Rural	Rural
Science	Ciència
Seeds	Llavors
Study	Estudi
Systems	Sistemes
Vegetables	Verdures
Water	Aigua

Airplanes
Avions

Adventure	Aventura
Air	Aire
Altitude	Altitud
Atmosphere	Ambient
Balloon	Globus
Construction	Construcció
Crew	Tripulació
Descent	Descens
Design	Disseny
Engine	Motor
Fuel	Combustible
Height	Altura
History	Història
Hydrogen	Hidrogen
Landing	Aterratge
Passenger	Passatger
Pilot	Pilot
Propellers	Hèlixs
Sky	Cel
Turbulence	Turbulència

Algebra
Àlgebra

Diagram	Diagrama
Division	Divisió
Equation	Equació
Exponent	Exponent
Factor	Factor
False	Fals
Formula	Fórmula
Fraction	Fracció
Graph	Gràfic
Infinite	Infinit
Linear	Lineal
Matrix	Matriu
Number	Número
Parenthesis	Parèntesi
Problem	Problema
Simplify	Simplificar
Solution	Solució
Subtraction	Resta
Variable	Variable
Zero	Zero

Antarctica
Antàrtida

Bay	Badia
Birds	Ocells
Clouds	Núvols
Conservation	Conservació
Continent	Continent
Cove	Cala
Environment	Medi Ambient
Expedition	Expedició
Geography	Geografia
Glaciers	Glaceres
Ice	Gel
Islands	Illes
Migration	Migració
Peninsula	Península
Researcher	Investigador
Rocky	Rocós
Scientific	Científic
Temperature	Temperatura
Topography	Topografia
Water	Aigua

Antiques
Antiguitats

Art	Art
Auction	Subhasta
Authentic	Autèntic
Century	Segle
Coins	Monedes
Decades	Dècades
Decorative	Decoratiu
Elegant	Elegant
Furniture	Mobles
Gallery	Galeria
Investment	Inversió
Jewelry	Joieria
Old	Vell
Price	Preu
Quality	Qualitat
Restoration	Restauració
Sculpture	Escultura
Style	Estil
Unusual	Inusual
Value	Valor

Archeology
Arqueologia

Analysis	Anàlisi
Antiquity	Antiguitat
Bones	Ossos
Civilization	Civilització
Descendant	Descendent
Era	Era
Evaluation	Avaluació
Expert	Expert
Findings	Resultats
Forgotten	Oblidat
Fossil	Fòssil
Fragments	Fragments
Mystery	Misteri
Objects	Objectes
Relic	Relíquia
Researcher	Investigador
Team	Equip
Temple	Temple
Tomb	Tomba
Unknown	Desconegut

Art
L'Art

Ceramic	Ceràmica
Complex	Complex
Composition	Composició
Create	Crear
Expression	Expressió
Figure	Xifra
Honest	Honest
Inspired	Inspirat
Mood	Humor
Original	Original
Paintings	Pintures
Personal	Personal
Poetry	Poesia
Portray	Retratar
Sculpture	Escultura
Simple	Senzill
Subject	Tema
Surrealism	Surrealisme
Symbol	Símbol
Visual	Visual

Astronomy
Astronomia

Asteroid	Asteroide
Astronaut	Astronauta
Astronomer	Astrònom
Constellation	Constel·lació
Cosmos	Cosmos
Earth	Terra
Eclipse	Eclipsi
Equinox	Equinocci
Galaxy	Galàxia
Meteor	Meteor
Moon	Lluna
Nebula	Nebulosa
Observatory	Observatori
Planet	Planeta
Radiation	Radiació
Rocket	Coet
Satellite	Satèl·lit
Sky	Cel
Supernova	Supernova
Zodiac	Zodíac

Ballet
Ballet

Applause	Aplaudiments
Artistic	Artístic
Audience	Audiència
Ballerina	Ballarina
Choreography	Coreografia
Composer	Compositor
Dancers	Ballarins
Expressive	Expressiu
Gesture	Gest
Graceful	Agraciat
Intensity	Intensitat
Lessons	Lliçons
Muscles	Músculs
Music	Música
Orchestra	Orquestra
Practice	Pràctica
Rhythm	Ritme
Skill	Habilitat
Style	Estil
Technique	Tècnica

Barbecues
Barbacoes

Chicken	Pollastre
Children	Nens
Dinner	Sopar
Family	Família
Food	Menjar
Forks	Forquilles
Friends	Amics
Fruit	Fruita
Games	Jocs
Grill	Graella
Hot	Calent
Hunger	Fam
Knives	Ganivets
Music	Música
Salads	Amanides
Salt	Sal
Sauce	Salsa
Summer	Estiu
Tomatoes	Tomàquets
Vegetables	Verdures

Beauty
La Bellesa

Charm	Encant
Color	Color
Cosmetics	Cosmètica
Curls	Rínxols
Elegance	Elegància
Elegant	Elegant
Fragrance	Fragància
Grace	Gràcia
Lipstick	Pintallavis
Makeup	Maquillatge
Mascara	Màscara
Mirror	Mirall
Oils	Olis
Photogenic	Fotogènica
Products	Productes
Scissors	Tisores
Services	Serveis
Shampoo	Xampú
Skin	Pell
Stylist	Estilista

Bees
Les Abelles

Beneficial	Beneficiós
Blossom	Flor
Diversity	Diversitat
Ecosystem	Ecosistema
Flowers	Flors
Food	Menjar
Fruit	Fruita
Garden	Jardí
Habitat	Hàbitat
Hive	Rusc
Honey	Mel
Insect	Insecte
Plants	Plantes
Pollen	Pol·len
Queen	Reina
Smoke	Fum
Sun	Sol
Swarm	Eixam
Wax	Cera
Wings	Ales

Biology
Biologia

Anatomy	Anatomia
Bacteria	Bacteris
Cell	Cel·la
Chromosome	Cromosoma
Collagen	Col·lagen
Embryo	Embrió
Enzyme	Enzim
Evolution	Evolució
Hormone	Hormona
Mammal	Mamífer
Mutation	Mutació
Natural	Natural
Nerve	Nervi
Neuron	Neurona
Osmosis	Osmosi
Photosynthesis	Fotosíntesi
Protein	Proteïna
Reptile	Rèptil
Symbiosis	Simbiosi
Synapse	Sinapsi

Birds
Ocells

Canary	Canari
Chicken	Pollastre
Crow	Corb
Cuckoo	Cucut
Duck	Ànec
Eagle	Àguila
Egg	Ou
Flamingo	Flamenc
Goose	Oca
Gull	Gavina
Heron	Agró
Ostrich	Estruç
Parrot	Lloro
Peacock	Paó
Pelican	Pelicà
Penguin	Pingüí
Sparrow	Pardal
Stork	Cigonya
Swan	Cigne
Toucan	Tucà

Boats
Vaixells

Anchor	Àncora
Buoy	Boia
Canoe	Canoa
Crew	Tripulació
Dock	Moll
Engine	Motor
Ferry	Ferri
Kayak	Caiac
Lake	Llac
Mast	Pal
Nautical	Nàutic
Ocean	Oceà
Raft	Bassa
River	Riu
Rope	Corda
Sailboat	Veler
Sailor	Mariner
Sea	Mar
Tide	Marea
Yacht	Iot

Books
Llibres

Adventure	Aventura
Author	Autor
Collection	Col·lecció
Context	Context
Duality	Dualitat
Epic	Èpica
Historical	Històric
Humorous	Humorístic
Inventive	Inventiva
Literary	Literari
Narrator	Narrador
Novel	Novel·la
Page	Pàgina
Poem	Poema
Poetry	Poesia
Reader	Lector
Relevant	Rellevant
Story	Història
Tragic	Tràgic
Written	Escrit

Boxing
Boxa

Bell	Campana
Body	Cos
Chin	Barbeta
Corner	Cantonada
Elbow	Colze
Exhausted	Esgotat
Fighter	Lluitador
Fist	Puny
Focus	Focus
Gloves	Guants
Injuries	Lesions
Kick	Puntada
Opponent	Oponent
Points	Punts
Quick	Ràpid
Recovery	Recuperació
Referee	Àrbitre
Ropes	Cordes
Skill	Habilitat
Strength	Força

Buildings
Edificis

Apartment	Apartament
Barn	Graner
Cabin	Cabina
Castle	Castell
Cinema	Cinema
Embassy	Ambaixada
Factory	Fàbrica
Hospital	Hospital
Hostel	Alberg
Hotel	Hotel
Laboratory	Laboratori
Museum	Museu
Observatory	Observatori
School	Escola
Stadium	Estadi
Supermarket	Supermercat
Tent	Tenda
Theater	Teatre
Tower	Torre
University	Universitat

Business
Negocis

Budget	Pressupost
Career	Carrera
Company	Empresa
Cost	Cost
Currency	Moneda
Discount	Descompte
Economics	Economia
Employee	Empleat
Employer	Empresari
Factory	Fàbrica
Finance	Finances
Income	Ingressos
Investment	Inversió
Manager	Gerent
Merchandise	Mercaderies
Money	Diners
Office	Oficina
Sale	Venda
Shop	Botiga
Taxes	Impostos

Camping
Campament

Adventure	Aventura
Animals	Animals
Cabin	Cabina
Canoe	Canoa
Compass	Brúixola
Fire	Foc
Forest	Bosc
Fun	Diversió
Hammock	Hamaca
Hat	Barret
Hunting	Caça
Insect	Insecte
Lake	Llac
Map	Mapa
Moon	Lluna
Mountain	Muntanya
Nature	Naturalesa
Rope	Corda
Tent	Tenda
Trees	Arbres

Chemistry
Química

Acid	Àcid
Alkaline	Alcalí
Atomic	Atòmic
Carbon	Carboni
Catalyst	Catalitzador
Chlorine	Clor
Electron	Electró
Enzyme	Enzim
Gas	Gas
Heat	Calor
Hydrogen	Hidrogen
Ion	Ió
Liquid	Líquid
Molecule	Molècula
Nuclear	Nuclear
Organic	Orgànic
Oxygen	Oxigen
Salt	Sal
Temperature	Temperatura
Weight	Pes

Chocolate
Xocolata

Antioxidant	Antioxidant
Aroma	Aroma
Artisanal	Artesanal
Bitter	Amarg
Cacao	Cacau
Calories	Calories
Caramel	Caramel
Coconut	Coco
Delicious	Deliciós
Exotic	Exòtic
Favorite	Favorit
Flavor	Sabor
Ingredient	Ingredient
Peanuts	Cacauets
Powder	Pols
Quality	Qualitat
Recipe	Recepta
Sugar	Sucre
Sweet	Dolç
Taste	Gust

Clothes
Roba

Apron	Davantal
Belt	Cinturó
Blouse	Brusa
Bracelet	Polsera
Coat	Abric
Dress	Vestit
Fashion	Moda
Gloves	Guants
Hat	Barret
Jacket	Jaqueta
Jeans	Texans
Jewelry	Joieria
Pajamas	Pijama
Pants	Pantalons
Sandals	Sandàlies
Scarf	Bufanda
Shirt	Camisa
Shoe	Sabata
Skirt	Faldilla
Sweater	Suèter

Coffee
Cafè

Acidic	Àcid
Aroma	Aroma
Beverage	Beguda
Bitter	Amarg
Black	Negre
Caffeine	Cafeïna
Cream	Nata
Cup	Copa
Filter	Filtre
Flavor	Sabor
Grind	Moldre
Liquid	Líquid
Milk	Llet
Morning	Matí
Origin	Origen
Price	Preu
Roasted	Rostit
Sugar	Sucre
Variety	Varietat
Water	Aigua

Countries #1
Països #1

Brazil	Brasil
Canada	Canadà
Egypt	Egipte
Finland	Finlàndia
Germany	Alemanya
Iraq	Iraq
Israel	Israel
Italy	Itàlia
Latvia	Letònia
Libya	Líbia
Morocco	Marroc
Nicaragua	Nicaragua
Norway	Noruega
Panama	Panamà
Poland	Polònia
Romania	Romania
Senegal	Senegal
Spain	Espanya
Venezuela	Veneçuela
Vietnam	Vietnam

Countries #2
Països #2

Albania	Albània
Denmark	Dinamarca
Ethiopia	Etiòpia
Greece	Grècia
Haiti	Haití
Jamaica	Jamaica
Japan	Japó
Laos	Laos
Lebanon	Líban
Liberia	Libèria
Mexico	Mèxic
Nepal	Nepal
Nigeria	Nigèria
Pakistan	Pakistan
Russia	Rússia
Somalia	Somàlia
Sudan	Sudan
Syria	Síria
Uganda	Uganda
Ukraine	Ucraïna

Creativity
Creativitat

Artistic	Artístic
Authenticity	Autenticitat
Changing	Canviant
Clarity	Claredat
Dramatic	Dramàtic
Emotions	Emocions
Expression	Expressió
Fluidity	Fluïdesa
Ideas	Idees
Image	Imatge
Imagination	Imaginació
Inspiration	Inspiració
Intensity	Intensitat
Intuition	Intuïció
Inventive	Inventiva
Sensation	Sensació
Skill	Habilitat
Spontaneous	Espontani
Visions	Visions
Vitality	Vitalitat

Dance
Dansa

Academy	Acadèmia
Art	Art
Body	Cos
Choreography	Coreografia
Classical	Clàssic
Cultural	Cultural
Culture	Cultura
Emotion	Emoció
Expressive	Expressiu
Grace	Gràcia
Joyful	Alegre
Jump	Saltar
Movement	Moviment
Music	Música
Partner	Soci
Posture	Postura
Rehearsal	Assaig
Rhythm	Ritme
Traditional	Tradicional
Visual	Visual

Days and Months
Dies i Mesos

April	Abril
August	Agost
Calendar	Calendari
February	Febrer
Friday	Divendres
January	Gener
July	Juliol
March	Març
Monday	Dilluns
Month	Mes
November	Novembre
October	Octubre
Saturday	Dissabte
September	Setembre
Sunday	Diumenge
Thursday	Dijous
Tuesday	Dimarts
Wednesday	Dimecres
Week	Setmana
Year	Any

Diplomacy
Diplomàcia

Adviser	Assessor
Ambassador	Ambaixador
Citizens	Ciutadans
Civic	Cívic
Community	Comunitat
Conflict	Conflicte
Cooperation	Cooperació
Diplomatic	Diplomàtic
Discussion	Discussió
Embassy	Ambaixada
Ethics	Ètica
Government	Govern
Humanitarian	Humanitari
Integrity	Integritat
Justice	Justícia
Politics	Política
Resolution	Resolució
Security	Seguretat
Solution	Solució
Treaty	Tractat

Disease
Malaltia

Abdominal	Abdominal
Allergies	Al·lèrgies
Bacterial	Bacteriana
Body	Cos
Bones	Ossos
Chronic	Crònica
Contagious	Contagiós
Genetic	Genètica
Health	Salut
Heart	Cor
Hereditary	Hereditari
Immunity	Immunitat
Inflammation	Inflamació
Lumbar	Lumbar
Neuropathy	Neuropatia
Pathogens	Patògens
Respiratory	Respiratori
Syndrome	Síndrome
Therapy	Teràpia
Weak	Dèbil

Driving
Conducció

Accident	Accident
Brakes	Frens
Car	Cotxe
Danger	Perill
Driver	Conductor
Fuel	Combustible
Garage	Garatge
Gas	Gas
License	Llicència
Map	Mapa
Motor	Motor
Motorcycle	Moto
Pedestrian	Vianant
Police	Policia
Road	Carretera
Safety	Seguretat
Speed	Velocitat
Traffic	Trànsit
Truck	Camió
Tunnel	Túnel

Ecology
Ecologia

Climate	Clima
Communities	Comunitats
Diversity	Diversitat
Drought	Sequera
Fauna	Fauna
Flora	Flora
Global	Global
Habitat	Hàbitat
Marine	Marí
Marsh	Pantà
Mountains	Muntanyes
Natural	Natural
Nature	Naturalesa
Plants	Plantes
Resources	Recursos
Species	Espècie
Survival	Supervivència
Sustainable	Sostenible
Vegetation	Vegetació
Volunteers	Voluntaris

Emotions
Emocions

Anger	Ira
Bliss	Felicitat
Boredom	Avorriment
Calm	Calma
Content	Contingut
Embarrassed	Avergonyit
Excited	Emocionat
Fear	Por
Grateful	Agraït
Joy	Goig
Kindness	Bondat
Love	Amor
Peace	Pau
Relaxed	Relaxat
Relief	Relleu
Sadness	Tristesa
Satisfied	Satisfet
Surprise	Sorpresa
Sympathy	Simpatia
Tenderness	Tendresa

Energy
Energia

Battery	Pila
Carbon	Carboni
Diesel	Dièsel
Electric	Elèctric
Electron	Electró
Entropy	Entropia
Environment	Medi Ambient
Fuel	Combustible
Gasoline	Gasolina
Heat	Calor
Hydrogen	Hidrogen
Industry	Indústria
Motor	Motor
Nuclear	Nuclear
Photon	Fotó
Pollution	Contaminació
Renewable	Renovables
Steam	Vapor
Turbine	Turbina
Wind	Vent

Engineering
Enginyeria

Angle	Angle
Axis	Eix
Calculation	Càlcul
Construction	Construcció
Depth	Profunditat
Diagram	Diagrama
Diameter	Diàmetre
Diesel	Dièsel
Distribution	Distribució
Energy	Energia
Gears	Engranatges
Levers	Palanques
Liquid	Líquid
Machine	Màquina
Measurement	Mesurament
Motor	Motor
Propulsion	Propulsió
Stability	Estabilitat
Strength	Força
Structure	Estructura

Ethics
Ètica

Altruism	Altruisme
Benevolent	Benèvol
Compassion	Compassió
Cooperation	Cooperació
Dignity	Dignitat
Diplomatic	Diplomàtic
Honesty	Honradesa
Humanity	Humanitat
Integrity	Integritat
Kindness	Bondat
Optimism	Optimisme
Patience	Paciència
Philosophy	Filosofia
Rationality	Racionalitat
Realism	Realisme
Reasonable	Raonable
Respectful	Respectuós
Tolerance	Tolerància
Values	Valors
Wisdom	Saviesa

Family
La Família

Ancestor	Avantpassat
Aunt	Tia
Brother	Germà
Child	Nen
Childhood	Infantesa
Children	Nens
Cousin	Cosí
Daughter	Filla
Father	Pare
Grandfather	Avi
Grandson	Nét
Husband	Marit
Maternal	Maternal
Mother	Mare
Nephew	Nebot
Niece	Neboda
Paternal	Paterna
Sister	Germana
Uncle	Oncle
Wife	Dona

Farm #1
Granja #1

Agriculture	Agricultura
Bee	Abella
Bison	Bisó
Calf	Vedell
Cat	Gat
Chicken	Pollastre
Cow	Vaca
Crow	Corb
Dog	Gos
Donkey	Ruc
Fence	Tanca
Fertilizer	Adob
Field	Camp
Goat	Cabra
Hay	Fenc
Honey	Mel
Horse	Cavall
Rice	Arròs
Seeds	Llavors
Water	Aigua

Farm #2
Granja #2

Animals	Animals
Barley	Ordi
Barn	Graner
Corn	Blat de Moro
Duck	Ànec
Farmer	Pagès
Food	Menjar
Fruit	Fruita
Irrigation	Reg
Lamb	Xai
Llama	Flama
Meadow	Prat
Milk	Llet
Orchard	Hort
Sheep	Ovella
Shepherd	Pastor
Tractor	Tractor
Vegetable	Verdura
Wheat	Blat
Windmill	Molí de Vent

Fashion
La Moda

Affordable	Assequible
Boutique	Boutique
Buttons	Botons
Clothing	Roba
Comfortable	Còmode
Elegant	Elegant
Embroidery	Brodat
Expensive	Car
Fabric	Teixit
Lace	Encaix
Measurements	Mesures
Minimalist	Minimalista
Modern	Modern
Modest	Modest
Original	Original
Pattern	Patró
Practical	Pràctic
Style	Estil
Texture	Textura
Trend	Tendència

Fishing
La Pesca

Bait	Esquer
Basket	Cistella
Beach	Platja
Boat	Barca
Cook	Cuiner
Equipment	Equipament
Exaggeration	Exageració
Fins	Aletes
Gills	Brànquies
Hook	Ganxo
Jaw	Mandíbula
Lake	Llac
Ocean	Oceà
Patience	Paciència
River	Riu
Scales	Escales
Season	Temporada
Water	Aigua
Weight	Pes
Wire	Filferro

Flowers
Flors

Bouquet	Ram
Calendula	Calèndula
Clover	Trèvol
Daisy	Margarida
Dandelion	Dent de Lleó
Gardenia	Gardènia
Hibiscus	Hibisc
Jasmine	Gessamí
Lavender	Lavanda
Lilac	Lila
Lily	Lliri
Magnolia	Magnòlia
Orchid	Orquídia
Peony	Peònia
Petal	Pètal
Plumeria	Plumeria
Poppy	Rosella
Rose	Rosa
Sunflower	Gira-Sol
Tulip	Tulipa

Food #1
Menjar #1

Apricot	Albercoc
Barley	Ordi
Basil	Alfàbrega
Carrot	Pastanaga
Cinnamon	Canyella
Garlic	All
Juice	Suc
Lemon	Llimona
Milk	Llet
Onion	Ceba
Peanut	Cacauet
Pear	Pera
Salad	Amanida
Salt	Sal
Soup	Sopa
Spinach	Espinacs
Strawberry	Maduixa
Sugar	Sucre
Tuna	Tonyina
Turnip	Nap

Food #2
Menjar #2

Apple	Poma
Artichoke	Carxofa
Banana	Plàtan
Broccoli	Bròquil
Celery	Api
Cheese	Formatge
Cherry	Cirera
Chicken	Pollastre
Chocolate	Xocolata
Egg	Ou
Eggplant	Albergínia
Fish	Peix
Grape	Raïm
Ham	Pernil
Kiwi	Kiwi
Mushroom	Bolet
Rice	Arròs
Tomato	Tomàquet
Wheat	Blat
Yogurt	Iogurt

Force and Gravity
La Força i la Gravetat

Axis	Eix
Center	Centre
Discovery	Descobriment
Distance	Distància
Dynamic	Dinàmic
Expansion	Expansió
Friction	Fricció
Impact	Impacte
Magnetism	Magnetisme
Magnitude	Magnitud
Mechanics	Mecànica
Momentum	Impuls
Orbit	Òrbita
Physics	Física
Pressure	Pressió
Properties	Propietats
Speed	Velocitat
Time	Temps
Universal	Universal
Weight	Pes

Fruit
Fruita

Apple	Poma
Apricot	Albercoc
Avocado	Alvocat
Banana	Plàtan
Berry	Baia
Cherry	Cirera
Coconut	Coco
Fig	Figa
Grape	Raïm
Guava	Guaiaba
Kiwi	Kiwi
Lemon	Llimona
Mango	Mango
Melon	Meló
Nectarine	Nectarina
Papaya	Papaia
Peach	Préssec
Pear	Pera
Pineapple	Pinya
Raspberry	Gerd

Furniture
Mobiliari

Armchair	Butaca
Armoire	Armari
Bed	Llit
Bench	Banc
Bookcase	Llibreria
Chair	Cadira
Comforters	Edredons
Couch	Sofà
Curtains	Cortines
Cushions	Coixins
Desk	Escriptori
Dresser	Vestidor
Futon	Futon
Hammock	Hamaca
Lamp	Llum
Mattress	Matalàs
Mirror	Mirall
Pillow	Coixí
Rug	Catifa
Shelves	Prestatges

Garden
Jardí

Bench	Banc
Bush	Arbust
Fence	Tanca
Flower	Flor
Garage	Garatge
Garden	Jardí
Grass	Herba
Hammock	Hamaca
Hose	Mànega
Lawn	Gespa
Orchard	Hort
Pond	Estany
Porch	Porxo
Rake	Rasclet
Shovel	Pala
Terrace	Terrassa
Trampoline	Trampolí
Tree	Arbre
Vine	Vinya
Weeds	Males Herbes

Gardening
Jardineria

Blossom	Flor
Botanical	Botànic
Bouquet	Ram
Climate	Clima
Compost	Compost
Container	Contenidor
Dirt	Brutícia
Edible	Comestible
Exotic	Exòtic
Floral	Floral
Foliage	Fullatge
Hose	Mànega
Leaf	Fulla
Moisture	Humitat
Orchard	Hort
Seasonal	Estacional
Seeds	Llavors
Soil	Sòl
Species	Espècie
Water	Aigua

Geography
Geografia

Altitude	Altitud
Atlas	Atles
City	Ciutat
Continent	Continent
Country	País
Hemisphere	Hemisferi
Island	Illa
Latitude	Latitud
Map	Mapa
Meridian	Meridià
Mountain	Muntanya
North	Nord
Ocean	Oceà
Region	Regió
River	Riu
Sea	Mar
South	Sud
Territory	Territori
West	Oest
World	Món

Geology
Geologia

Acid	Àcid
Calcium	Calci
Cavern	Caverna
Continent	Continent
Coral	Coral
Crystals	Cristalls
Cycles	Cicles
Earthquake	Terratrèmol
Erosion	Erosió
Fossil	Fòssil
Geyser	Guèiser
Lava	Lava
Layer	Capa
Minerals	Minerals
Plateau	Altiplà
Quartz	Quars
Salt	Sal
Stalactite	Estalactita
Stone	Pedra
Volcano	Volcà

Geometry
Geometria

Angle	Angle
Calculation	Càlcul
Circle	Cercle
Curve	Corba
Diameter	Diàmetre
Dimension	Dimensió
Equation	Equació
Height	Altura
Horizontal	Horitzontal
Logic	Lògica
Mass	Massa
Median	Mediana
Number	Número
Parallel	Paral·lel
Proportion	Proporció
Segment	Segment
Surface	Superfície
Symmetry	Simetria
Theory	Teoria
Triangle	Triangle

Global Warming
L'Escalfament Global

Arctic	Àrtic
Attention	Atenció
Changes	Canvis
Climate	Clima
Crisis	Crisi
Data	Dades
Energy	Energia
Environmental	Ambiental
Future	Futur
Gas	Gas
Generations	Generacions
Government	Govern
Habitats	Hàbitats
Industry	Indústria
International	Internacional
Legislation	Legislació
Now	Ara
Populations	Poblacions
Scientist	Científic
Temperatures	Temperatures

Government
Govern

Citizenship	Ciutadania
Civil	Civil
Constitution	Constitució
Democracy	Democràcia
Discussion	Discussió
Dissent	Dissidència
Equality	Igualtat
Independence	Independència
Judicial	Judicial
Justice	Justícia
Law	Llei
Leader	Líder
Liberty	Llibertat
Monument	Monument
Nation	Nació
Peaceful	Pacífic
Politics	Política
Speech	Discurs
State	Estat
Symbol	Símbol

Hair Types
Tipus de Cabell

Bald	Calb
Black	Negre
Blond	Ros
Braided	Trenat
Braids	Trenes
Brown	Marró
Colored	Color
Curls	Rínxols
Curly	Arrissat
Dry	Sec
Gray	Gris
Healthy	Saludable
Long	Llarg
Shiny	Brillant
Short	Curt
Soft	Suau
Thick	Gruix
Thin	Prim
Wavy	Ondulat
White	Blanc

Health and Wellness #1
La Salut i el Benestar #1

Active	Actiu
Bacteria	Bacteris
Bones	Ossos
Clinic	Clínica
Doctor	Metge
Fracture	Fractura
Habit	Hàbit
Height	Altura
Hormones	Hormones
Hunger	Fam
Medicine	Medicina
Muscles	Músculs
Nerves	Nervis
Pharmacy	Farmàcia
Reflex	Reflex
Relaxation	Relaxació
Skin	Pell
Therapy	Teràpia
Treatment	Tractament
Virus	Virus

Health and Wellness #2
La Salut i el Benestar #2

Allergy	Al·lèrgia
Anatomy	Anatomia
Appetite	Apetit
Blood	Sang
Calorie	Calories
Dehydration	Deshidratació
Diet	Dieta
Disease	Malaltia
Energy	Energia
Genetics	Genètica
Healthy	Saludable
Hospital	Hospital
Hygiene	Higiene
Infection	Infecció
Massage	Massatge
Nutrition	Nutrició
Recovery	Recuperació
Stress	Estres
Vitamin	Vitamina
Weight	Pes

Herbalism
Herboristeria

Aromatic	Aromàtic
Basil	Alfàbrega
Beneficial	Beneficiós
Culinary	Culinària
Fennel	Fonoll
Flavor	Sabor
Flower	Flor
Garden	Jardí
Garlic	All
Green	Verd
Ingredient	Ingredient
Lavender	Lavanda
Marjoram	Marduix
Mint	Menta
Oregano	Orenga
Parsley	Julivert
Plant	Planta
Rosemary	Romaní
Saffron	Safrà
Tarragon	Estragó

Hiking
Senderisme

Animals	Animals
Boots	Botes
Camping	Càmping
Cliff	Penya-Segat
Climate	Clima
Guides	Guies
Hazards	Riscos
Heavy	Pesat
Map	Mapa
Mountain	Muntanya
Nature	Naturalesa
Orientation	Orientació
Parks	Parcs
Preparation	Preparació
Stones	Pedres
Summit	Cimera
Sun	Sol
Tired	Cansat
Water	Aigua
Wild	Salvatge

House
Casa

Attic	Àtic
Basement	Soterrani
Broom	Escombra
Curtains	Cortines
Door	Porta
Fence	Tanca
Fireplace	Llar de Foc
Floor	Terra
Furniture	Mobles
Garage	Garatge
Garden	Jardí
Keys	Claus
Kitchen	Cuina
Lamp	Llum
Library	Biblioteca
Mirror	Mirall
Room	Habitació
Shower	Dutxa
Wall	Paret
Window	Finestra

Human Body
Cos Humà

Ankle	Turmell
Blood	Sang
Bones	Ossos
Brain	Cervell
Chin	Barbeta
Ear	Orella
Elbow	Colze
Face	Cara
Finger	Dit
Hand	Mà
Head	Cap
Heart	Cor
Jaw	Mandíbula
Knee	Genoll
Leg	Cama
Mouth	Boca
Neck	Coll
Nose	Nas
Shoulder	Espatlla
Skin	Pell

Jazz
Jazz

Album	Àlbum
Applause	Aplaudiments
Artist	Artista
Composer	Compositor
Composition	Composició
Concert	Concert
Drums	Tambors
Emphasis	Èmfasi
Famous	Famós
Favorites	Favorits
Improvisation	Improvisació
Music	Música
New	Nou
Old	Vell
Orchestra	Orquestra
Rhythm	Ritme
Song	Cançó
Style	Estil
Talent	Talent
Technique	Tècnica

Kitchen
Cuina

Apron	Davantal
Bowl	Bol
Chopsticks	Escuradents
Cups	Tasses
Food	Menjar
Forks	Forquilles
Freezer	Congelador
Grill	Graella
Jar	Pot
Jug	Gerra
Kettle	Bullidor
Knives	Ganivets
Ladle	Cullerot
Napkin	Tovalló
Oven	Forn
Recipe	Recepta
Refrigerator	Nevera
Spices	Espècies
Sponge	Esponja
Spoons	Culleres

Landscapes
Paisatges

Beach	Platja
Cave	Cova
Desert	Desert
Geyser	Guèiser
Glacier	Glacera
Hill	Turó
Iceberg	Iceberg
Island	Illa
Lake	Llac
Mountain	Muntanya
Oasis	Oasi
Ocean	Oceà
Peninsula	Península
River	Riu
Sea	Mar
Swamp	Pantà
Tundra	Tundra
Valley	Vall
Volcano	Volcà
Waterfall	Cascada

Literature
Literatura

Analogy	Analogia
Analysis	Anàlisi
Anecdote	Anècdota
Author	Autor
Biography	Biografia
Comparison	Comparació
Conclusion	Conclusió
Description	Descripció
Dialogue	Diàleg
Fiction	Ficció
Metaphor	Metàfora
Narrator	Narrador
Novel	Novel·la
Poem	Poema
Poetic	Poètic
Rhyme	Rima
Rhythm	Ritme
Style	Estil
Theme	Tema
Tragedy	Tragèdia

Mammals
Els Mamífers

Bear	Ós
Beaver	Castor
Bull	Bou
Cat	Gat
Coyote	Coiot
Dog	Gos
Dolphin	Dofí
Elephant	Elefant
Fox	Guineu
Giraffe	Girafa
Gorilla	Goril·la
Horse	Cavall
Kangaroo	Cangur
Lion	Lleó
Monkey	Mico
Rabbit	Conill
Sheep	Ovella
Whale	Balena
Wolf	Llop
Zebra	Zebra

Math
Matemàtiques

Angles	Angles
Arithmetic	Aritmètica
Decimal	Decimal
Diameter	Diàmetre
Division	Divisió
Equation	Equació
Exponent	Exponent
Fraction	Fracció
Geometry	Geometria
Numbers	Números
Parallel	Paral·lel
Perimeter	Perímetre
Polygon	Polígon
Radius	Radi
Rectangle	Rectangle
Square	Quadrat
Sum	Suma
Symmetry	Simetria
Triangle	Triangle
Volume	Volum

Measurements
Mesuraments

Byte	Byte
Centimeter	Centímetre
Decimal	Decimal
Degree	Grau
Depth	Profunditat
Gram	Gram
Height	Altura
Inch	Polzada
Kilogram	Quilogram
Kilometer	Quilòmetre
Length	Llargada
Liter	Litre
Mass	Massa
Meter	Metre
Minute	Minut
Ounce	Unça
Ton	Tona
Volume	Volum
Weight	Pes
Width	Amplada

Meditation
La Meditació

Acceptance	Acceptació
Attention	Atenció
Awake	Despert
Breathing	Respiració
Calm	Calma
Clarity	Claredat
Compassion	Compassió
Emotions	Emocions
Gratitude	Agraïment
Habits	Hàbits
Kindness	Bondat
Mental	Mental
Mind	Ment
Movement	Moviment
Music	Música
Nature	Naturalesa
Peace	Pau
Perspective	Perspectiva
Silence	Silenci
Thoughts	Pensaments

Music
Música

Album	Àlbum
Ballad	Balada
Chorus	Cor
Classical	Clàssic
Eclectic	Eclèctic
Harmonic	Harmònic
Harmony	Harmonia
Instrument	Instrument
Lyrical	Líric
Melody	Melodia
Microphone	Micròfon
Musical	Musical
Musician	Músic
Opera	Òpera
Poetic	Poètic
Rhythm	Ritme
Rhythmic	Rítmic
Sing	Cantar
Singer	Cantant
Vocal	Vocal

Musical Instruments
Instruments Musicals

Banjo	Banjo
Bassoon	Fagot
Cello	Violoncel
Chimes	Campanes
Clarinet	Clarinet
Drum	Tambor
Flute	Flauta
Gong	Gong
Guitar	Guitarra
Harp	Arpa
Mandolin	Mandolina
Marimba	Marimba
Oboe	Oboè
Percussion	Percussió
Piano	Piano
Saxophone	Saxofon
Tambourine	Pandereta
Trombone	Trombó
Trumpet	Trompeta
Violin	Violí

Mythology
Mitologia

Archetype	Arquetip
Behavior	Comportament
Beliefs	Creences
Creation	Creació
Creature	Criatura
Culture	Cultura
Deities	Deïtats
Disaster	Desastre
Heaven	Cel
Hero	Heroi
Immortality	Immortalitat
Jealousy	Gelosia
Labyrinth	Laberint
Legend	Llegenda
Lightning	Llamps
Monster	Monstre
Mortal	Mortal
Revenge	Venjança
Thunder	Tro
Warrior	Guerrer

Nature
Naturalesa

Animals	Animals
Arctic	Àrtic
Beauty	Bellesa
Bees	Abelles
Clouds	Núvols
Desert	Desert
Dynamic	Dinàmic
Erosion	Erosió
Fog	Boira
Foliage	Fullatge
Forest	Bosc
Glacier	Glacera
Mountains	Muntanyes
Peaceful	Pacífic
River	Riu
Sanctuary	Santuari
Serene	Serè
Tropical	Tropical
Vital	Vital
Wild	Salvatge

Numbers
Números

Decimal	Decimal
Eight	Vuit
Eighteen	Divuit
Fifteen	Quinze
Five	Cinc
Four	Quatre
Fourteen	Catorze
Nine	Nou
Nineteen	Dinou
One	Un
Seven	Set
Seventeen	Disset
Six	Sis
Sixteen	Setze
Ten	Deu
Thirteen	Tretze
Three	Tres
Twelve	Dotze
Twenty	Vint
Two	Dos

Nutrition
La Nutrició

Appetite	Apetit
Balanced	Equilibrat
Bitter	Amarg
Calories	Calories
Diet	Dieta
Digestion	Digestió
Edible	Comestible
Fermentation	Fermentació
Flavor	Sabor
Habits	Hàbits
Health	Salut
Healthy	Saludable
Liquids	Líquids
Nutrient	Nutrient
Proteins	Proteïnes
Quality	Qualitat
Sauce	Salsa
Toxin	Toxina
Vitamin	Vitamina
Weight	Pes

Ocean
Oceà

Algae	Algues
Coral	Coral
Crab	Cranc
Dolphin	Dofí
Eel	Anguila
Fish	Peix
Jellyfish	Meduses
Octopus	Pop
Oyster	Ostra
Reef	Escull
Salt	Sal
Shark	Tauró
Shrimp	Gamba
Sponge	Esponja
Storm	Tempesta
Tides	Marees
Tuna	Tonyina
Turtle	Tortuga
Waves	Ones
Whale	Balena

Philanthropy
La Filantropia

Challenges	Reptes
Charity	Caritat
Children	Nens
Community	Comunitat
Contacts	Contactes
Donate	Donar
Finance	Finances
Funds	Fons
Generosity	Generositat
Goals	Metes
Groups	Grups
History	Història
Honesty	Honradesa
Humanity	Humanitat
Mission	Missió
Need	Necessitat
People	Gent
Programs	Programes
Public	Públic
Youth	Joventut

Physics
Física

Acceleration	Acceleració
Atom	Àtom
Chaos	Caos
Chemical	Químic
Density	Densitat
Electron	Electró
Engine	Motor
Expansion	Expansió
Formula	Fórmula
Frequency	Freqüència
Gas	Gas
Magnetism	Magnetisme
Mass	Massa
Mechanics	Mecànica
Molecule	Molècula
Nuclear	Nuclear
Particle	Partícula
Relativity	Relativitat
Universal	Universal
Velocity	Velocitat

Plants
Les Plantes

Bamboo	Bambú
Bean	Mongeta
Berry	Baia
Botany	Botànica
Bush	Arbust
Cactus	Cactus
Fertilizer	Adob
Flora	Flora
Flower	Flor
Foliage	Fullatge
Forest	Bosc
Garden	Jardí
Grass	Herba
Ivy	Heura
Moss	Molsa
Petal	Pètal
Root	Arrel
Stem	Tija
Tree	Arbre
Vegetation	Vegetació

Professions #1
Professions #1

Ambassador	Ambaixador
Astronomer	Astrònom
Attorney	Advocat
Banker	Banquer
Cartographer	Cartògraf
Coach	Entrenador
Dancer	Ballarina
Doctor	Metge
Editor	Editor
Geologist	Geòleg
Hunter	Caçador
Jeweler	Joier
Musician	Músic
Nurse	Infermera
Pianist	Pianista
Plumber	Lampista
Psychologist	Psicòleg
Sailor	Mariner
Tailor	Sastre
Veterinarian	Veterinari

Professions #2
Professions #2

Astronaut	Astronauta
Biologist	Biòleg
Dentist	Dentista
Detective	Detectiu
Engineer	Enginyer
Farmer	Pagès
Gardener	Jardiner
Illustrator	Il·lustrador
Inventor	Inventor
Journalist	Periodista
Librarian	Bibliotecari
Linguist	Lingüista
Painter	Pintor
Philosopher	Filòsof
Photographer	Fotògraf
Physician	Metge
Pilot	Pilot
Surgeon	Cirurgià
Teacher	Professor
Zoologist	Zoòleg

Psychology
Psicologia

Appointment	Cita
Assessment	Avaluació
Behavior	Comportament
Childhood	Infantesa
Clinical	Clínic
Cognition	Cognició
Conflict	Conflicte
Dreams	Somnis
Ego	Ego
Emotions	Emocions
Ideas	Idees
Perception	Percepció
Personality	Personalitat
Problem	Problema
Reality	Realitat
Sensation	Sensació
Subconscious	Subconscient
Therapy	Teràpia
Thoughts	Pensaments
Unconscious	Inconscient

Rainforest
Selva Tropical

Amphibians	Amfibis
Birds	Ocells
Botanical	Botànic
Climate	Clima
Clouds	Núvols
Community	Comunitat
Diversity	Diversitat
Indigenous	Indígena
Insects	Insectes
Jungle	Jungla
Mammals	Mamífers
Moss	Molsa
Nature	Naturalesa
Preservation	Conservació
Refuge	Refugi
Respect	Respecte
Restoration	Restauració
Species	Espècie
Survival	Supervivència
Valuable	Valuós

Restaurant #2
Restaurant #2

Beverage	Beguda
Cake	Pastís
Chair	Cadira
Delicious	Deliciós
Dinner	Sopar
Eggs	Ous
Fish	Peix
Fork	Forquilla
Fruit	Fruita
Ice	Gel
Lunch	Dinar
Noodles	Fideus
Salad	Amanida
Salt	Sal
Soup	Sopa
Spices	Espècies
Spoon	Cullera
Vegetables	Verdures
Waiter	Cambrer
Water	Aigua

Science
Ciència

Atom	Àtom
Chemical	Químic
Climate	Clima
Data	Dades
Evolution	Evolució
Experiment	Experiment
Fact	Fet
Fossil	Fòssil
Gravity	Gravetat
Hypothesis	Hipòtesi
Laboratory	Laboratori
Method	Mètode
Minerals	Minerals
Molecules	Molècules
Nature	Naturalesa
Organism	Organisme
Particles	Partícules
Physics	Física
Plants	Plantes
Scientist	Científic

Science Fiction
Ciència Ficció

Atomic	Atòmic
Books	Llibres
Cinema	Cinema
Clones	Clons
Dystopia	Distòpia
Explosion	Explosió
Extreme	Extrem
Fantastic	Fantàstic
Fire	Foc
Futuristic	Futurista
Galaxy	Galàxia
Illusion	Il·lusió
Imaginary	Imaginari
Mysterious	Misteriós
Oracle	Oracle
Planet	Planeta
Robots	Robots
Technology	Tecnologia
Utopia	Utopia
World	Món

Scientific Disciplines
Disciplines Científiques

Anatomy	Anatomia
Archaeology	Arqueologia
Astronomy	Astronomia
Biochemistry	Bioquímica
Biology	Biologia
Botany	Botànica
Chemistry	Química
Ecology	Ecologia
Geology	Geologia
Immunology	Immunologia
Kinesiology	Kinesiologia
Linguistics	Lingüística
Mechanics	Mecànica
Mineralogy	Mineralogia
Neurology	Neurologia
Physiology	Fisiologia
Psychology	Psicologia
Sociology	Sociologia
Thermodynamics	Termodinàmica
Zoology	Zoologia

Shapes
Formes

Arc	Arc
Circle	Cercle
Cone	Con
Corner	Cantonada
Cube	Cub
Curve	Corba
Cylinder	Cilindre
Edges	Vores
Ellipse	El·lipse
Hyperbola	Hipèrbola
Line	Línia
Oval	Oval
Polygon	Polígon
Prism	Prisma
Pyramid	Piràmide
Rectangle	Rectangle
Side	Costat
Sphere	Esfera
Square	Quadrat
Triangle	Triangle

Spices
Espècies

Anise	Anís
Bitter	Amarg
Cardamom	Cardamom
Cinnamon	Canyella
Clove	Dent
Coriander	Coriandre
Cumin	Comí
Curry	Curri
Fennel	Fonoll
Fenugreek	Fenigrec
Flavor	Sabor
Garlic	All
Ginger	Gingebre
Nutmeg	Nou Moscada
Onion	Ceba
Paprika	Pebre Vermell
Saffron	Safrà
Salt	Sal
Sweet	Dolç
Vanilla	Vainilla

Sport
Esport

Ability	Capacitat
Athlete	Atleta
Body	Cos
Bones	Ossos
Coach	Entrenador
Cycling	Ciclisme
Dancing	Ball
Diet	Dieta
Endurance	Resistència
Goal	Objectiu
Health	Salut
Jogging	Córrer
Maximize	Maximitzar
Metabolic	Metabòlic
Muscles	Músculs
Nutrition	Nutrició
Program	Programa
Sports	Esports
Strength	Força
To Swim	Nedar

The Company
La Companyia

Business	Negoci
Creative	Creatiu
Decision	Decisió
Employment	Ocupació
Global	Global
Industry	Indústria
Innovative	Innovador
Investment	Inversió
Possibility	Possibilitat
Presentation	Presentació
Product	Producte
Professional	Professional
Progress	Progrés
Quality	Qualitat
Reputation	Reputació
Resources	Recursos
Revenue	Ingressos
Risks	Riscos
Trends	Tendències
Units	Unitats

The Media
Els Mitjans de Comunicac

Attitudes	Actituds
Commercial	Comercial
Communication	Comunicació
Digital	Digital
Edition	Edició
Education	Educació
Facts	Fets
Funding	Finançament
Images	Imatges
Individual	Individual
Industry	Indústria
Intellectual	Intel·lectual
Local	Local
Magazines	Revistes
Network	Xarxa
Newspapers	Diaris
Online	En Línia
Opinion	Opinió
Public	Públic
Radio	Ràdio

Time
Temps

Annual	Anual
Before	Abans
Calendar	Calendari
Century	Segle
Clock	Rellotge
Day	Dia
Decade	Dècada
Early	D'Hora
Future	Futur
Hour	Hora
Minute	Minut
Month	Mes
Morning	Matí
Night	Nit
Noon	Migdia
Now	Ara
Soon	Aviat
Today	Avui
Week	Setmana
Year	Any

Town
Ciutat

Airport	Aeroport
Bakery	Fleca
Bank	Banc
Bookstore	Llibreria
Cinema	Cinema
Clinic	Clínica
Florist	Florista
Gallery	Galeria
Hotel	Hotel
Library	Biblioteca
Market	Mercat
Museum	Museu
Pharmacy	Farmàcia
School	Escola
Stadium	Estadi
Store	Botiga
Supermarket	Supermercat
Theater	Teatre
University	Universitat
Zoo	Zoològic

Congratulations

You made it!

We hope you enjoyed this book as much as we enjoyed making it. We do our best to make high quality games.
These puzzles are designed in a clever way for you to learn actively while having fun!

Did you love them?

A Simple Request

Our books exist thanks your reviews. Could you help us by leaving one now?

Here is a short link which will take you to your order review page:

BestBooksActivity.com/Review50

MONSTER CHALLENGE!

Challenge #1

Ready for Your Bonus Game? We use them all the time but they are not so easy to find. Here are **Synonyms**!

Note 5 words you discovered in each of the Puzzles noted below (#21, #36, #76) and try to find 2 synonyms for each word.

Note 5 Words from *Puzzle 21*

Words	Synonym 1	Synonym 2

Note 5 Words from *Puzzle 36*

Words	Synonym 1	Synonym 2

Note 5 Words from *Puzzle 76*

Words	Synonym 1	Synonym 2

Challenge #2

Now that you are warmed-up, note 5 words you discovered in each Puzzle noted below (#9, #17, #25) and try to find 2 antonyms for each word. How many lines can you do in 20 minutes?

Note 5 Words from **Puzzle 9**

Words	Antonym 1	Antonym 2

Note 5 Words from **Puzzle 17**

Words	Antonym 1	Antonym 2

Note 5 Words from **Puzzle 25**

Words	Antonym 1	Antonym 2

Challenge #3

Wonderful, this monster challenge is nothing to you!

Ready for the last one? Choose your 10 favorite words discovered in any of the Puzzles and note them below.

1.	6.
2.	7.
3.	8.
4.	9.
5.	10.

Now, using these words and within a maximum of six sentences, your challenge is to compose a text about a person, animal or place that you love!

Tip: You can use the last blank page of this book as a draft!

Your Writing:

_____

_____

_____

_____

_____

_____

_____

Explore a Unique Store
Set Up **FOR YOU!**

BestActivityBooks.com/**TheStore**

Designed for Entertainment!

Light Up Your Brain With Unique **Gift Ideas**.

Access **Surprising** And **Essential Supplies!**

CHECK OUT OUR MONTHLY SELECTION NOW!

- Expertly Crafted Products -

NOTEBOOK:

SEE YOU SOON!

Linguas Classics Team

BESTACTIVITYBOOKS.COM/FREEGAMES